博瑞森图书
BRACE

企业阅读 本土实践

管理 · 人文 · 生活

CHINA STONE
华夏基石

华夏基石丛书

家具、厨卫、灯具、地板、
五金、家纺家饰等增值营销

建材家居营销实务

新环境、新战法

程绍珊　杨鸿贵◎主编

電子工業出版社
Publishing House of Electronics Industry
北京 • BEIJING

图书在版编目（CIP）数据

建材家居营销实务：新环境、新战法——家具、厨卫、灯具、地板、五金、家纺家饰等增值营销 / 程绍珊，杨鸿贵主编.
—北京：电子工业出版社，2013.7
ISBN 978-7-121-20769-3

Ⅰ.①建… Ⅱ.①程… ②杨 Ⅲ.①建筑材料—市场营销学 Ⅳ.①F765

中国版本图书馆 CIP 数据核字（2013）第 137536 号

书　　名：建材家居营销实务：新环境、新战法
——家具、厨卫、灯具、地板、五金、家纺家饰等增值营销

作　　者：程绍珊　杨鸿贵
策划编辑：李　影
责任编辑：李　影
印　　刷：三河市文阁印刷厂
装　　订：三河市文阁印刷厂
出版发行：电子工业出版社
北京市海淀区万寿路 173 信箱　邮编：100036
开　　本：710×1000　1/16　　印张：15.25　字数：220 千字
印　　次：2013 年 7 月第 1 次印刷
定　　价：42.00 元

主编：程绍珊　杨鸿贵
编委：杨义平　章其伟等

博瑞森图书：企业视角　本土实践

亲爱的读者朋友：

也许您是博瑞森图书的老读者，也许是新朋友，欢迎您阅读博瑞森图书！

当今中国，各行各业都存在着转型升级的压力与机遇。博瑞森图书与您一同应对转型挑战并发现其带来的机遇。

我们一直在问：什么样的书能为您解决管理难题并带来启发？

我们一直在找：哪些作品最能帮助企业从跟随到领先？

我们一直在做：把最好的作品以最便捷的方式呈现给您，纸质版、电子版、听读版、书摘邮件、微信……

我们策划图书的原则是：

- 企业视角——与您一样，做水中的游泳者，而非岸上的观众或教练，企业的困惑就是我们的任务；
- 本土实践——与您一样，立足本土环境，追求卓越实践，传播最适合当下中国企业的管理之道。

我们希望您：把阅读各类经营管理类图书时的遗憾或收获，告诉我们（13611149991），我们将认真聆听。

如果有一天，您把博瑞森图书视为您优秀的事业伙伴、管理助手，我们也就实现了自己的梦想。

博瑞森图书
010－51900529
bookgood@126.com

总序

战场上的学院派

中国人民大学博士生导师
华夏基石咨询集团董事长、总裁 彭剑锋

华夏基石营销咨询团队请我为他们多年营销管理咨询实践经验和思考凝结的成果——《华夏基石丛书》营销系列撰写“总序”。我看到他们的成长，以及他们对中国营销理论与实践做出的卓越贡献，欣慰之感油然而生。

在中国，提到咨询业，最早可以追溯到“点子公司”，但真正的管理咨询起源于大学校园，成长于真刀真枪的企业实战。华为基本法、TCL以速度抗击规模、美的营销的第三条道路、山东六和集团微利经营与服务营销等咨询项目，都是我和包政、施炜等一干老师于20世纪末完成的经典管理咨询案例，至今仍是最生动的商学院教学案例。在这里，我姑且称它为“人民大学风格”或者“战场上的学院派”，华夏基石的营销咨询团队延续了这种风格。

简单来说，华夏基石营销咨询团队具有以下三个特点。

第一，从产业链竞争角度思考和解决营销问题。

有两句幽默但也饱含思想的话：“不谈产业链竞争没高度，不谈企业文化生根没品位。”**营销的本质是创造客户、抢夺客户和维护客户，绝非简单的“销售产品”**。如不从产业链竞争角度透彻分析，就不能立足当前、着眼未来思考和解决营销难题。

这是华夏基石营销咨询的底层营养，它已经成为华夏基石营销咨询的“思想骨髓”和“学理基因”，也是营销咨询团队做出欧普照明、美的电器、椰岛鹿龟酒等行业经典案例的原因。

第二，以组织和人力资源管理落实和巩固有效营销。

“好的战略+不好的执行”，一定不会有好结果；“不好的战略+好的执行”，可能会有好结果。**“战略决定组织，组织决定人事”，这是最基本的管理原则**。如果系统的营销解决方案中没有包括组织和人力资源管理的内容，方案注定会失效或难以实施。

我们常说一句话：“不要试图解决所有的问题，企业是有自愈功能的。”很多企业营销出问题往往是在组织和人力资源管理上出了问题，纯粹从营销角度思考问题，难免有“头痛医头、脚痛医脚”的结果。

第三，坚持实践和成果导向的学术创新。

没有理论依据的实践是盲目的，没有实践证明的理论是空洞的。

华夏基石营销咨询团队没有囿于彼得·德鲁克的经典理论，没有囿于我们这些老师的学术思想。“1P+3P”的理论创新，结构性地完善了菲利普·科特勒的4P营销理论，使得4P营销理论可以解释各行各业纷繁复杂的营销模式和行为，并指导企业选择正确的营销模式和行为。立体渠道、“1+N”渠道模式、有机性营销组织、“爬楼梯式”激励机制和模式等工具和方法的创新，为他们成果导向的营销管理咨询提供了坚实的保障。

这套《华夏基石丛书》营销系列，理论与实践并重，理念与实操并行，是华夏基石营销咨询团队十余年长期坚守在营销管理咨询一线的心得和总结。它既适合企业高管借鉴、深思，又适合一线营销经理作为工作指南，堪称经典的营销工具书！相信读者会从中收获颇多！

2013年1月10日

前言

国内建材家居行业几乎是与房地产行业共舞的，在过去二三十年里一路高歌猛进，现在依然受房地产调控的影响，加上宏观经济发展速度趋缓和各项运营成本增加，业内企业经营压力倍增，尤其是市场营销的难度越来越大，以前管用的“高举高打”的销售方式不灵了，企业和经销商的损失更大了。

有人讲，这是最坏的市场；也有人讲，这是最好的市场。我们应该看到，以80后为主的新消费人群、迅速崛起的电商渠道、细分的终端形态和多样化的网络传播形式等，使消费者价值创造的源泉和形式发生了巨大变化，这给处于营销困境的企业提供了无限的创新空间。所以，我们这些在市场一线工作的专业咨询师要说：“无论如何，这是一个创新的时代，对大多数企业而言，进一步则海阔天空，退一步则万劫不复！”

因此，我们急切地想把自己对行业与市场现状及趋势的解读、企业营销模式创新的思考、市场实践的有效方法等系统地表达出来，希望能对正处于拐点上的企业有帮助。十几年来，我们的咨询团队一直为企业提供专业的营销咨询服务，提出了针对建材家居行业的增值营销模式，创新出许多有效的策略、套路、工具和方法。同时，我们还总结了许多优秀企业的成功经验。

本书从分析企业营销的现实问题开始，揭示了国内建材家居市场的特点与竞争要点，进而提出了以客户价值为基础的整体营销价值链，即通过厂商价值一体化和商商价值一体化协同使消费者价值最大化的营销理念与模式。在此基础上，结合国内市场的特点，我们提出一地一策、一时一策、一品一策、一客一策的营销策略和整合运作方法，同时强调企业需要发育的相应营销专业职能和路径方法，新时代背景下的营销队伍管理的方法和技巧。我们希望：在理念上，帮助企业领导者和营销管理者扩大视野，明确企业营销创新的方向；在操作上，一线营销人员可以直接应用本书介绍的操作手法，提高自己的业绩！

市场营销之于企业就是一盘下不完的棋，加上内外部环境不断变化，需要大家不断地创新与完善。本书的观点和方法也需要经历这个过程，衷心希望广大读者指正，以便我们不断成长，为企业提供更有价值的咨询服务。

最后，我们还要强调，本书是我们咨询团队集体智慧的结晶，特别是建材家居板块的专业团队成员，他们直接参与许多章节的编写和案例资料的整理过程，在此，特别感谢他们的付出！

程绍珊　杨鸿贵

目录

第1章 迎接增值营销的时代

随着经济的快速发展，我国已发展成为世界上最大的建材产品生产国和消费国，国内许多建材生产和流通企业一路高歌猛进，快速发展壮大起来。但近几年来，这种跑马圈地式的发展阶段已经结束，很多企业感觉经营压力越来越大。

第一，市场环境发生了巨大变化，行业产能迅速扩张，促使市场格局发生变化。以前国内建材市场一直是卖方市场，现在则是买方市场，竞争越来越激烈，并有过度竞争的趋势。

第二，政策环境发生变化。政府对房地产行业的调控使房地产行业发展速度放缓。此外，以前建材企业是各地区的重点发展对象，现在一些传统建材企业遇到了融资、环保、耗能、排放、劳动保障等诸多方面的限制和约束，以前习惯了依靠优惠政策发展的企业发现昔日的优势不存在了，甚至以前的优势现在也变成了劣势。

第三，由于生产成本的提高或成本结构刚性化，企业只有扩大规模，才能有效地消化成本获得优势。这不是说企业要扩大产能规模，而是说企业要扩大市场份额的规模，如果没有市场营销提供保障，巨大的产能就成了包袱。

第四，建材行业竞争规则发生了巨大变化。以前是“一招鲜，吃遍天”，企业凭借某个优势，如一款产品、一场促销活动、一个广告、一场价格战就能克敌制胜。现在，企业只有具备资源整合能力和系统运作能力才能获得长期的竞争优势。

这就要求建材行业的企业在短时间内完成企业经营模式升级，打造核心能力，包括明确战略定位、品牌建设、产品创新、技术研发、供应链整合和组织再造等内容，需要企业投入足够的资源，但短时间内未必有效果。于是，企业把工作重点放在市场营销这个环节上，期望能有突破、取得成果，为企业升级和再造争取时间。这种战略导向使市场营销成为企业经营管理的中心，企业纷纷调集精兵强将、加大资源投入力度，市场营销成了企业的“一把手”工程。

要想在当今国内建材市场上杀出一条“血路”，取得长期的竞争优势，企业就要系统思考市场环境、消费者价值、竞争格局和自身资源与能力等内部优势和外部机会，从而完成营销模式的根本性创新。但大多数企业还是在原有营销模式和策略手段的基础上加大投入力度，发现大投入没有大起色后，反而陷入了营销困境。

第 1 节　现实中的营销困境

■ 企业面临的营销困境

（一）市场不断发生变化，消费需求难以捉摸

以前，新产品推出一个活一个、推出一个火一个；现在，新产品上市大多九死一生，即使个别产品成功了，旺销时间也很短。久经沙场的企业老总发现：以前的市场方向不适合企业发展了，但又找不到正确的发展方向。

（二）营销策略与手段日趋同质化，市场效果差

以前的营销策略相对简单，就是“广告一响、明星一讲、促销一强、导购一抢”，然后就是“黄金万两”。现在，广告战、促销战、价格战轮番上演，销量还是上不去，有些策略虽然有点效果，但随着竞争对手的跟进也失效了。

（三）客户关系难以深化，企业无法持续发展

由于企业品牌建设和客户服务滞后，客户认为企业提供的价值没有差异性，因此，客户的品牌忠诚度很低。许多区域市场的渠道话语权大于企业话语权，大多数企业与渠道经销商还处于以博弈为主的合作阶段，渠道稳定性差、市场管理不善、价格体系混乱，企业很难保证经销商的利益。

（四）营销费用居高不下，市场营销成了企业的负担

国内市场的进入门槛越来越高，营销费用也越来越高。广告费几乎一年比一年高，广告效果却越来越差；终端进场费和运作费随着超级连锁卖场的崛起也一年比一年高；各级营销人员工资和福利大幅度提高。中小企业难以承受这个负担，大企业利润差强人意。

（五）营销策略不能有效执行，很多企业“有心无力”

有些企业也想积极响应市场，创新市场营销手段，但由于企业后台支持能力较弱、营销团队松散、营销人才缺乏和经销商不配合等原因，最后只能不了了之。

■ 陷入营销困境的原因

（一）营销理念陈旧，传统营销模式失效

大多数企业对市场营销的理解还处于简单的交易认知上，它们错误地认为，只要我的产品质量好或价格低就能卖掉，不用研究客户需要什么。这种将营销当成交易，做一笔是一笔的短视行为，我们称之为“用打兔子的方法打老虎”。这些企业没有打算在市场营销环节取得优势和提高核心能力，只是找一些经销商，把货压给他们，用广告战、价格战、促销战等手段竞争，甚至陷入了以次充好、相互攻击的恶性竞争。这种简单的营销手段虽然在以前供不应求的市场环境下有效，但无法应对现在行业产能普遍过剩背景下的市场竞争。

（二）品牌意识淡薄，营销传播形式与手段使用不当

1. 企业很难体现出品牌的差异性和增值性

国内建材行业缺少有号召力和个性化的品牌，这是企业陷入同质化竞争、低价竞争的主要原因。与其他消费者熟悉的产品不同，建材产品

属于“低关注度、高参与度”的产品，消费者对其品质、性能和服务都不太了解，需要依靠品牌识别。然而，建材产品个性化的审美价值需要品牌表达出来，缺少品牌，企业很难获得差异化优势。可是，大多数企业品牌意识淡漠，没有将品牌建设放在战略层面上考虑，认为品牌建设投入大、见效慢。即使企业有品牌意识，但对建材产品的品牌建设策略和路径理解不正确，错误地认为品牌建设就是请明星、打广告和炒概念等，其效果自然会大打折扣。

2. 营销策略组合缺乏创新，企业营销陷入恶性循环

在产品同质化的大背景下，各企业产品创新动力和能力不足。不管是建筑陶瓷和地毯企业，还是照明灯饰和家具企业，都存在抄袭欧美和日韩国家的产品设计或是相互模仿的现象。从目前的行业竞争态势和市场环境看，短期内这一问题很难得到解决。

这就需要企业在产品以外的，如促销、推广、渠道和服务等营销策略上，有更多的创新和组合。大多数企业的营销策略是砸广告、打折、返现、抽奖、买赠等，大家都疲于促销，而又不得不随波逐流。这些短期过度促销和价格战的行为，不仅削弱了品牌影响力，还提高了消费者对价格和促销的敏感度与依赖性，降低了消费者对品质和服务的关注度，导致品牌差异化优势和引导力降低，同质化竞争加剧。

过度的价格战、广告战和促销战，造成的直接伤害就是很难保证包括企业、代理商和经销商（代理商可以代理单一品牌或多个品牌；分销商一定代理众多品牌；经销商是比较笼统的称谓，包括代理商、分销商和单纯的贸易商。贸易商不从原工厂拿货而是从其他渠道拿货。本解释来源于百度百科，故本书中代理商、经销商、分销商，三者有可能界定模糊）、零售终端等产业价值链各个环节的利润，结果是，企业因为利薄无力创新，各级经销商因为利薄放弃服务。

（三）市场基础建设不完善，客户关系难以深化，企业无法持续发展

许多企业都没有建立起稳定协同的分销渠道，更谈不上掌控终端，构建立体覆盖、协同运作的终端网络体系了。目前，企业之间还处于博

弈阶段，交易协同成本高、效能低下。企业由于受短期销量压力、次级市场开发、新兴渠道覆盖和市场安全等因素影响，往往在一个区域市场找多个代理商，而代理商也代理多个企业品牌。这样，企业一方面可以制约上游企业，另一方面也可以多些利润来源。于是，企业之间相互博弈阶段，导致市场秩序混乱，窜货、乱价事情不断发生，渠道冲突不断，企业之间很难形成理念认同、稳定共赢、分工协同的发展关系。

建材产品多是半成品，只有加上售前、售中和售后的一系列服务，才能成为真正的产品，而服务体系的构建只有基于企业之间协同的供应链构建，才是高效增值的服务体系。所以，我们会发现，许多企业的服务还停留在概念炒作上，无法为客户解决问题，进而起到深化客户关系的作用。客户关系的弱化使消费者品牌忠诚度降低，不仅引发了市场同质化竞争问题，还影响了渠道的稳定。

（四）营销组织管理体系落后，相关营销职能未发育

以前的市场营销多半是一招半式就能解决问题，但现在必须是一组动态的营销策略组合才能取得优势。然而，动态的营销策略组合的有效实施，对企业营销组织与管理的要求更高。而企业只有简单交易的销售功能，市场研究、品牌建设、客户服务和信息管理等现代营销职能发育滞后，管理重心过高，缺乏能贴近指导和支持一线市场运作的区域管理平台。虽然有些企业开始建设具备部分营销职能的管理后台和区域业务平台，但都没有形成前后呼应的一体化运作的组织体系，内部矛盾突出，影响企业发展。

（五）营销队伍战斗力弱，业务员职业素质与能力有待提高

许多企业无心建立稳定的职业营销队伍，只是沿用创业初期的“底薪 + 提成”的管理模式，有的企业甚至没有底薪，只有提成，充其量算是“个体户的集中营”，不要说什么愿景、使命，连起码的目标和考核都没有，更不用说培训体系与业务模式了。所以，业务员只采取“高端放货”的短期操作方式，不断向经销商压货，或默许、或鼓励经

销商向外埠窜货，既没意愿、也没能力对区域市场进行合理规划和精耕细作，自然也没有向经销商提供顾问指导和客户增值服务。这样，销售业绩不可能稳定和增长，业务员短期物质激励不足，又没有发展预期，流动率很高。

在建材行业陷入营销困境的同时，企业面对的营销环境也发生了翻天覆地的变化：既有宏观经济的变化，也有社会时代的变迁；既有国内市场的层次性开发，也有行业竞争的不断升级；既有消费者需求特性的变化，也有渠道业态的多元化发展。

这些变化让很多企业举步维艰，但这些变化同样让一些企业惊喜不已，对未来光明前途充满信心。国内建材行业必将迎来一个革命的时代！这需要我们在困境中看到希望，理性和深刻地解读行业与市场的变化，并在企业战略选择、营销理念、市场选择和优势构建等方面完成系统思考，才能在营销模式、策略组合和组织管理等营销管理层面做出系统性创新，企业不但能走出现实的营销困境，而且能在市场营销环节取得核心竞争优势。

第 2 节　国内建材市场的变化

建材行业既是一个传统的、基础的产业，又是一个现代的、新兴的产业。

建材行业是一个传统的、基础的产业。它既包括基础建材，例如水泥、螺纹钢和砖头等，又包括电气、水暖、照明等基础装修材料，还包括建筑陶瓷、涂料、地铺材料、灯饰等装饰类产品；既是门类齐全、种类繁多的基础性产业，又是一般技术和工艺成熟的传统产业。随着我国经济持续高速发展，包括“铁、公、基”等在内的一系列关系国计民生的基础设施建设项目纷纷上马，新农村工程等在内的城市化建设项目不断加速，进而带动房地产和建筑装修等相关行业的发展。

这些都极大地拉动了建材类产品的需求，现在我国已成为建材类产品的生产大国、消费大国和出口大国，其主导产品在总量上连续多年位

牌缺乏，市场空间巨大，企业发展相对较好，竞争优势越来越明显，而第三、第四层次的中、低端企业和品牌过多，产能严重过剩，许多企业举步维艰，形成“冰火两重天”的市场竞争格局。

近年来，由于国家相关产业政策和市场法规的不断规范和完善，如消费者权益保障、节能环保要求提高，新劳动法实施和税收政策逐渐规范等，建材行业的竞争门槛越来越高。过去依靠污染环境、偷税、漏税、粗制滥造等手段取得低成本竞争优势的时代一去不复还了。对企业规模实力、技术装备、产品创新、市场营销和组织管理等要求进一步提高，这无疑使竞争更加激烈，加速那些不能及时转型和无竞争优势的企业“关停并转”，行业集中度进一步提高。“马太效应”越来越明显，一批能及时转型、注重核心竞争优势与能力的企业将脱颖而出。

■ 建材渠道业态的变化与升级

目前活跃在国内建材市场的渠道业态和终端业态，主要有传统代理批发渠道、传统建材专业市场、综合型建材市场、国际化连锁建材卖场、网络销售和工程团购等。每种渠道业态在现阶段都有一定的发展空间，其中，传统代理批发渠道和传统建材专业市场以个体摊位经营为主，其特点是交易灵活，但品牌形象差，产品质量和服务很难得到保证，主要集中在三、四级市场。综合型建材市场不但规模大、品类齐全，而且有统一的品牌形象和较规范的服务，既有个体摊位，又有超市，基本做到了“市场化经营、卖场化管理”，近年来增加了精品体验馆等品牌专卖店，并采用连锁形式在国内一、二级市场加速扩张，如北方的居然之家和南方的红星·美凯龙等。

另外，以百安居为首的国际化连锁建材卖场，经过多年的本土化发展和整合，已逐渐适应国内建材市场的竞争环境，开始了新一轮的扩张。网络销售、工程团购等新兴渠道蓬勃发展，逐渐成为主流渠道。

纵观国内建材渠道业态的变化，我们注意到几个重要趋势。

第一，各类建材渠道的终端建设升级加速，由原来的简单堆卖，提升为情景展示，充分展现产品风格和品牌形象，增强消费者的购买体验。近年来，国内外的品牌企业都加大了对终端建设的投入力度，一批旗舰店、展示店和体验店在各级市场崛起，成为区域市场的亮点。

第二，建材渠道的细分化和多元化趋势更加明显，各种品牌专营店和品类专卖店越来越多。有些建材渠道定位于某些细分市场，提供专业化服务，如聚焦于家居装修领域的家装渠道和专门为楼堂馆所服务的工程设计师渠道等。

第三，建材渠道的功能化和增值化趋势明显，在国内市场，建材产品只是半成品，只有提供贴近的服务，才能满足消费者的个性化需求。为客户提供增值服务已是建材渠道必备的功能，所以，企业和经销商都增加了服务设备和人员，不断提升服务水平。

第四，建材渠道整合加速，集中化趋势不可避免。

以上渠道变化趋势都极大地提高了建材渠道的门槛，一批跟不上发展步伐的经销商被淘汰，而那些理念和实力都领先的主力终端和优秀经销商迅速崛起，成为区域市场的运作主体。上游品牌企业意识到这些主力终端和优秀经销商将是取得竞争优势的稀缺资源，纷纷将资源向其集中，加速和放大了这种强者恒强的“马太效应”。

一系列变化表明，企业必须彻底创新营销模式才有可能从现实的营销困境中走出来，这就要求我们在营销理念、策略组合、组织管理和队伍建设等方面进行系统的创新，而不是简单的一招一式的局部改变！

第 3 节　营销模式要创新
——增值营销时代

要系统地对企业的市场营销进行创新，就要求我们回到问题的原点思考企业营销的本质是什么？管理大师德鲁克曾经指出：企业存在的唯一理由就是为客户创造价值！那么，企业的营销活动也必然要为客户创造价值。美国著名的管理咨询公司麦肯锡将企业的营销活动理解为客户选择价值、交付价值和传播价值的一系列过程，也得到了理论界和许多职业营销经理的认可。

这对于一般标准化的消费品行业而言是非常正确的，但对建材行业而言，这还远远不够。

首先，许多建材类产品对大多数消费者而言，只能满足其引导性需求，这就要求企业在营销过程中不仅要满足现实存在的消费需求，还要挖掘消费者的潜在需求，并定义和引领新的消费趋势，如一些新装修材料的使用和装修风格的引导。

其次，建材产品在出厂时只是半成品，只是钻头，不是消费者要的那个孔，只有按消费者个性化要求再加工和安装后，才能真正实现其价值。这些创造价值的营销活动是在渠道完成的，所以，建材产品的营销活动除了一般的价值交付功能外，还要有价值创造功能。

最后，产品软价值，如品牌价值、设计格调和产品审美等，是在营销环节完成的。企业要在品牌传播和终端展示过程中体现这些价值元素，在与消费者接触中不断让其体验、感受和认同这些精神价值。这类价值不是在生产线上创造的，就如同许多服装生产企业抱怨：服装是我们生产的，但绝大部分利润被外国品牌商拿走了。殊不知对消费者而言，那些保暖、结实等功能性价值，只占总价值的零头，真正让消费者掏钱的品位、时尚、审美和个性等精神类价值，我们却没有创造出来或没有让消费者体验到。

所以，企业的营销活动就变成了围绕目标消费者进行的选择与定义价值、创造与交付价值、传播与沟通价值的一系列过程，如图1-1所示。建材产品营销强调消费者新价值的定义、创造和沟通。迪智成咨询公司将这种基于价值创新与创造的营销模式称为增值营销模式。

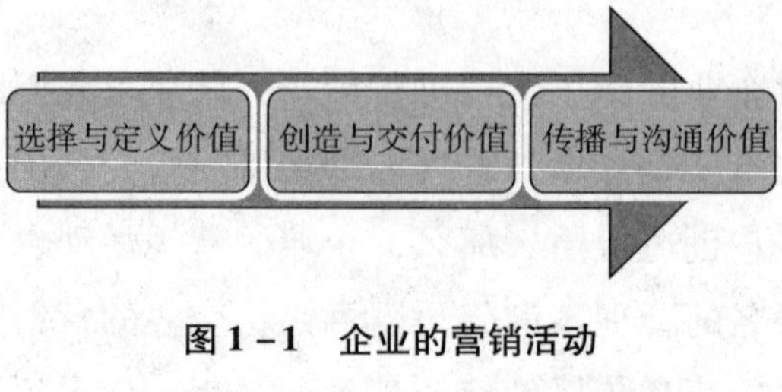

图1-1　企业的营销活动

营销理论基础发生变化，要求企业市场营销活动的导向与原则也必须发生根本性的变化，只有这些理念层面的导向变化了，才可能有营销模式的系统性创新。

随着市场竞争日益白热化，越来越多的行业陷入同质化竞争的困境，市场营销成了企业最难把握的经营活动，也是资源消耗最大、最没有效率的管理环节。尤其是在近年来各项成本都在持续上涨，而产品价格很难上涨的背景下，营销无力与低效问题更加突出！有些行业中的企业却能很好地建立自己的差异化优势，使营销成为它们的核心竞争优势之一，如建筑陶瓷行业的马可波罗瓷砖、照明行业的欧普照明和服装行业的利郎休闲装等。同样是在国内企业没有研发和品牌优势的行业，为什么企业的营销表现有这么大的反差呢？根本原因是营销理念与模式有差异！

■ 传统营销的困境与失效

企业市场营销活动的目的就是将生产线上标准化的产品更多、更快地交给目标消费者，营销管理追求的就是尽可能地提升营销效率（确切地讲只是提升分销效率）。这是一种传统物质生产与经营时代的商业思想，遵循经典的经济学原则，奉行“效率是产业社会唯一原则”的金科玉律，但也受“边际效益递减”规律的约束，这些是企业营销陷入同质化恶性竞争的原因。

由于对营销效率的追求使我们的企业对低价格、大规模营销模式产生依赖性，消费者和市场对价格、促销和广告等营销策略越来越敏感。同时，沃尔玛、国美和苏宁等零售巨头依靠“规模化、低价格”等手段迅速崛起，从而形成了我们现在“既得意于斯，又无奈于斯”的营销困境。

企业营销活动几乎没有创造新价值的商业意义。我们发现消费者得到的价值大部分是商品本身的物质价值，几乎都是在生产环节产生的，所以，大多数企业营销投入都被视为成本和费用，而渠道中的经销商几乎成了搬运工，零售终端抱怨没钱赚。这一切的根源就是传统营销没有或很少创造新价值，最多起到了实现价值的作用！而营销作为企业经营的关键环节，是一定要创造价值的。

■ 迎接增值营销的时代

在对营销本质的理解方面，我们认为麦肯锡的看法很有道理，即企业营销是选择价值、交付价值和传播价值的过程，核心是价值。但其理论缺少价值创造环节，现代营销不能简单地将产品交付给消费者，还要强调其对产品价值的增值和新价值的创造。“价值是产业社会的唯一原则”，创造营销价值远比提升营销效率更重要！

为什么会有与传统营销截然不同的理念与导向呢？这是时代决定的。我们已经进入了以知识为资本的新经济时代和物资丰盈的消费时代，不管是价值构成还是消费者的价值感知都发生了巨大变化。

首先，产品的价值构成与创造方式发生了巨大变化。

以前，产品价值构成中物质的成分占很大比例，而现在和将来，精神的成分的比例越来越大，成为产品价值构成的主体，如图 1－2 所示。

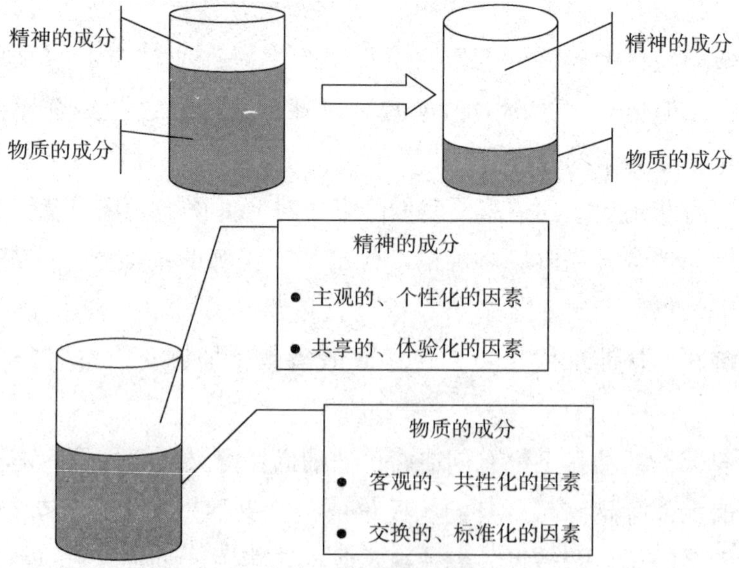

图 1－2 产品价值构成

物质类价值和精神类价值不同，我们的生产方式也发生了巨大变化，于是，创新、知识、技术标准、速度、服务和解决方案等字眼成了关键词和流行语。就像德鲁克总结的那样：**20 世纪 90 年代以后，世界领先的公司会逐步摆脱物质生产的羁绊，转型为智力创造公司。**一些世界级公司的成功转型就是很好的例证，如 GE 转型为服务提供商、IBM 转型为解决方案提供商。

其次，消费者的价值需求与感知发生了巨大变化。

在物资匮乏的年代，人们的需求集中在较低层次上，物美价廉是关键，消费者是价格敏感型的消费者，去餐馆吃饭，大多数消费者会选择分量多的餐馆，尤其是肉多的餐馆。而现在进入物资丰盈时代的消费者就不同了，在满足基本需求后，消费者追求的是精神层面的、个性化的需求，于是消费者在选择餐馆的时候更注重味道、环境和服务水平。

当营销要承载更多精神类价值和要面对价值敏感型的消费者的时候，其使命、导向、功能和技术等一系列由理论到方法的概念就会发生根本性的变化！我们发现：越来越多的产品价值将在营销环节中产生，而非在生产线上产生；越来越多的产品价值在与消费者互动沟通中让其感知和接受。所以，营销的增值功能成为最重要的职能，这必然会促使企业营销做出根本性的创新，颠覆和放弃一些我们惯有的理念和原则，建立起全新的营销理论架构和方法论体系。我相信这应该是营销理论和实践的创新方向，值得营销界的学者和经理人探索和积累。

■ 实现营销导向的转型

（一）由竞争导向转向客户导向

传统营销往往将营销的基点聚焦于竞争对手，以期获得比较优势，消费者的需求是明确的、客观的，结果却导致相互模仿的同质化竞争加剧。增值营销强调将营销的基点转向客户，围绕客户的需求提供相应的产品和服务，以实现客户价值最大化，从而成功地建立差异化优势，进入蓝海市场。

2002 年，我们为正虹科技解答营销失效问题的咨询过程中，就导入了客户导向营销理念。当时的饲料市场秩序混乱，价格战、促销战和广告战愈演愈烈，有的小企业竟然销售违规饲料，这种市场环境使正虹科技这样的龙头企业陷入尴尬境地。饲料的用户——广大养殖户——因为种种原因，养殖效益低下。于是，我们建议正虹科技不用将过多的资源投入到与对手的纠缠中，要重点聚焦养殖大户，充分整合企业养殖资源，为客户提供解决方案，真正让养殖用户赚到钱，从而取得竞争优势。事实证明市场效果很好。

（二）由价格导向转向价值导向

以往我们销售的是标准产品，具有很高的可比性，消费者对价格很敏感，于是，价格战愈演愈烈。而现代营销更注重提升产品价值，尤其是提升软价值，如品牌、定制化产品与服务体验等，同时不断降低消费者的购买成本，我们的出发点是消费者是“价值敏感型”的消费者。

国内建筑陶瓷行业的马可波罗瓷砖将中国文化元素植入建筑陶瓷产品中，使其产品超越了一般实用性和性价比的常规标准，具有审美价值和文化品位，加上售前、售中和售后全程的贴心服务和终端情景化的专业推广，为消费者创造了超额价值，从而摆脱了价格战的泥潭。

（三）从二八定律转向长尾理论

以往我们都强调将资源集中在主要的 20% 的产品和客户上，以期产生 80% 的收入和效益，这在传统的物质类价值创造与营销中是有效的定律，但在新经济和个性化的市场上，遵循此定律的企业势必会陷入同质化竞争中。增值营销强调寻找和运作由个性化、细分化市场构成的尾部，因为在这里，企业可以通过提供差异化的消费者价值，获得超额回报。

来自欧洲的时装品牌ZARA就是这一理论的成功实践者，其更多款式、更小批量、更快节奏和大众化价格很好地演绎了“fast fashion（快速时尚）”的概念，让传统的时装业豪门望族大跌眼镜。

（四）从效率导向转向创新导向

传统营销谋求不断提升营销效率，倾向于规模化的目标市场、标准化的产品定位与统一的营销策略，并建立刚性的管理规范以保证高效运作，这种机械式的营销运作的基础是相对稳定的生产和市场需求。然而现在这一基础正加速消失，竞争节奏越来越快、市场周期越来越短，所以增值营销强调速度与创新，认为持续的产品创新、更快的市场反应速度和柔性的运作体系才是创造价值的关键。

除了前面ZARA的案例外，现在的手机行业和电子行业也有许多精彩案例。如苹果公司的手机令全世界为之疯狂，三星电子秉承“除了老婆和孩子以外的一切都要改变”的创新理念，在数码时代成功地超越了老牌日系企业。

（五）从产品导向转向服务导向

传统营销更依赖产品本身的价值，强调不断提高产品品质与不断降低成本，尽管这是必要的前提，但毕竟是有极限和边际效应的递减，物化产品的同质化趋势是必然趋势。增值营销强调通过有效的服务为客户提供系统的解决方案，以倍增的产品价值和扩大的产品差异性，提升客户价值感知能力和深化客户关系。

舒华跑步机就是这方面的实践者，它不是简单地让消费者一时冲动买一台跑步机回家却闲置不用，而是通过为每个消费者提供个性化的服务，让其和家人养成锻炼身体的习惯，进而拥有健康和幸福。在服务过程中，舒华跑步机不断深化与消费者的关系，建立了很高的品牌美誉度，取得了良好的市场效果。

以上是增值营销的主要原则导向，我们以往思考市场营销问题的战略框架、策略组合和管控手段等营销管理体系都要改变，这一切都有待于我们广大的营销理论研究者和实践工作者创新和完善。

我们正处在一个社会变迁和经济转型的时代，这是我们无法选择的，这是一个最坏的时代，也是一个最好的时代。对大多数企业而言，现在的市场一半是火焰，一半是大海，关键在于我们如何选择！

■ 增值营销模式的创新

（一）如何正确地选择与定义价值

对装饰建材类产品而言，国内消费者既有像购买快速消费品那样的感性冲动，又有像购买工业品和耐用品的理性决策；既有像对普通家用产品的品质、性能等物质性要求，又有像对时装的设计风格、艺术审美等精神性要求。“家”对于中国老百姓的物质及精神意义尤其特别，如何把握和引导消费者内心的价值取向呢？客户让渡价值理论为我们指明了努力的方向，使我们能深入研究消费者的价值构成和成本构成，从而使客户让渡价值最大化。客户让渡价值如图 1－3 所示。

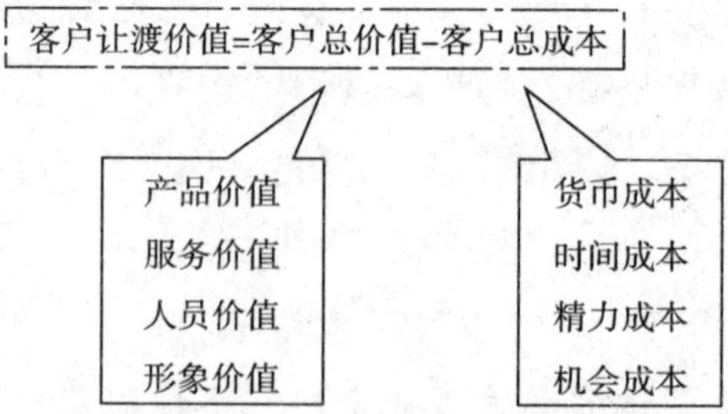

图 1－3　客户让渡价值

其中，客户总价值构成如下。

（1）产品价值方面的要求是产品的品质、性能、材质、款式和规格等基本要求，此外，还有设计审美、使用贴心、节能环保和绿色健康等更高要求。

（2）服务价值方面的要求是送货上门、安装调试、可退换和维修保养等基本服务，此外，还有尊重热情、专业高效、安心体贴、精细无忧等更高的服务体验要求。

（3）人员价值方面的要求是良好的职业形象、严谨的服务态度、精湛的专业技能和良好的人际关系，带给消费者高度的信赖感和亲切感。

（4）形象价值方面的要求是对企业形象和经营理念的认同，其品牌的价值主张和格调能让消费者产生共鸣，能承载和表达消费者的美好憧憬和精神追求。

客户总成本构成如下。

（1）**货币成本**。就是产品的价格，这是消费者最直接的购买成本。

（2）**时间成本**。就是购买产品花费的时间，由于一般消费者对建材产品不像快消品那样熟悉，需要花相当长的时间学习和比较，对于"时间就是金钱"的一、二级市场消费者而言，时间成本很高，但时间成本也是一种因人而异的隐形成本。

（3）**精力成本**。学习和比较不同的、品类繁多的建材产品，让消费者付出大量的精力成本。装修一套房子，几乎成了全家总动员的重大工程，最后大家都筋疲力尽，对于工作压力很大的上班族来说，这种成本是显性的，也是敏感的。

（4）**机会成本**。建材产品的许多品质和功能具有后验性，用一段时间才知道好不好，可一旦返工，那简直就是一场灾难。相信许多不幸的消费者有过这种痛苦的经历，而这种高昂的成本却是隐性的，只有成熟的消费者才能充分认识到。

增值营销模式的核心就是企业通过一系列的市场营销活动大幅度提高消费者的价值感知能力，有效降低总成本，使客户让渡价值最大化。然而，没有一家企业能为所有的消费者提供所有的价值，如何让资源和能力都有限的企业做到这一点，迪智成咨询公司认为，对于国内大多数建材企业而言，在选择与定义价值方面，要做到以下三点。

（1）要像《蓝海战略》一书揭示的那样，必须基于目标消费者的价值取向和认知标准，甄别和选择应该创造和增加的价值，如图1－4所示。

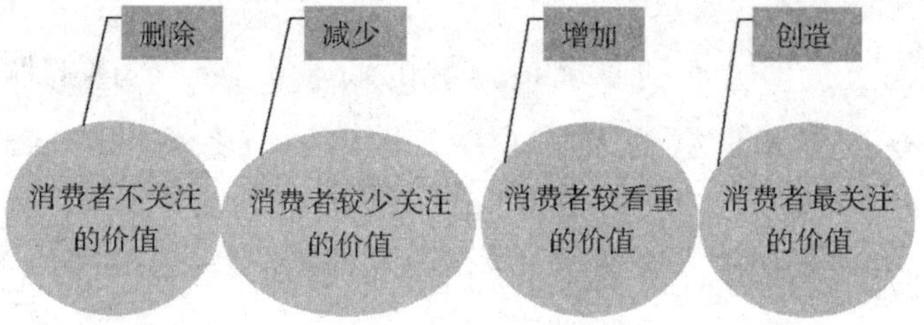

图1－4　基于目标消费者的价值取向和认知标准创造和增加的价值

（2）比如，工程类客户除了关注品牌、品质和款式外，还关心交货时间和售后保证等，而且不同的工程采购参与者的价值取向不同，如果不能投其所好，往往费力不讨好。

（3）基于企业自身的能力与资源突出特色，创新和增加价值，以超越竞争对手，或是集中降低某些购买成本，明确差异化和个性化定位。

马可波罗突出复古砖的艺术风格，增加了产品价值；居然之家提出“先行赔付”的售后服务承诺，极大地降低了消费者的机会成本；国内最大的机织地毯企业——东升地毯率先在行业内推出“3G”标准的营销理念，采用最先进的工艺和原料，研发设计图案，打造品牌专卖终端，并承诺售后回收、免费清洗等，从而有效地提高了产品价值、服务价值和形象价值，降低了消费者的时间成本、精力成本和机会成本，取得了良好的市场效果。

企业要在产品和服务方面进行持续的、有节奏的创新，获得移动靶的优势。由于建材产品的需求具有引导性消费的性质，领先企业必须不断推陈出新才能保持“时间差”的竞争优势。但创新要付出成本，时机过早、幅度过大的创新，风险也是巨大的，往往给企业带来灭顶之灾，如万燕电子、旭日升等曾经红极一时的企业都因创新节奏问题成了“先烈”。所以，迪智成咨询公司建议，企业的创新节奏应该是“小步快跑，总是领先半步”。企业要做到每一步都见利见效，不断积累竞争优势。

（二）如何有效地创造与交付价值

大多数建材产品是半成品，大部分价值不是在企业生产线上产生的，而是在市场营销环节创造的，这与一般的快消品营销不同。一般的快消品营销仅仅是产品价值的实现过程，如何在建材产品营销过程中创造并交付产品价值，实现价值最大化，这是建材产品营销成败的关键！建筑陶瓷产品营销就充分说明了这一点，一组具有中国古典元素设计图案的瓷砖，变成消费者家里称心如意的地面和墙面，要经过一系列独特的营销活动和服务环节后才能实现，包括产品展示、方案设计、选购指导、交易结算、加工裁切、送货上门、铺贴安装、余货退还和定期维护等。

这一系列高效增值的营销活动和服务活动，不是企业单独完成的，必须充分发挥流通环节的资源和能力优势。于是，建材渠道就成为承担这些功能的不可或缺的环节，经销商是执行主体。优秀的企业洞悉到这种趋势，并着力转型和提升原来的以交易为主的松散型渠道合作模式，开始选择和培养优秀的经销商，共同打造分工协作的营销渠道，并提供深入的指导和支持，建立管理型渠道价值链，实现厂商价值一体化，如图 1－5 所示。

主要的渠道策略是由企业在每个区域市场选择唯一的核心代理商，并以其为经营主体，建设专卖店，进入建材超市，开拓工程渠道、二级分销渠道、小区渠道、设计师渠道和电子渠道，这样既能保证核心代理商的利益，又能有效地覆盖区域市场。而企业作为渠道链条的管理者，负责组织和管理各级渠道的协同运作，各级渠道成员是独立经营的主体，并按照既定的规则协作，从而构建起管理型渠道价值链。

企业派出客户顾问，投入相应的资源支持和帮助核心代理商，引导其发育职能、建立队伍和定向投入，并与企业无缝对接，实现厂商价值

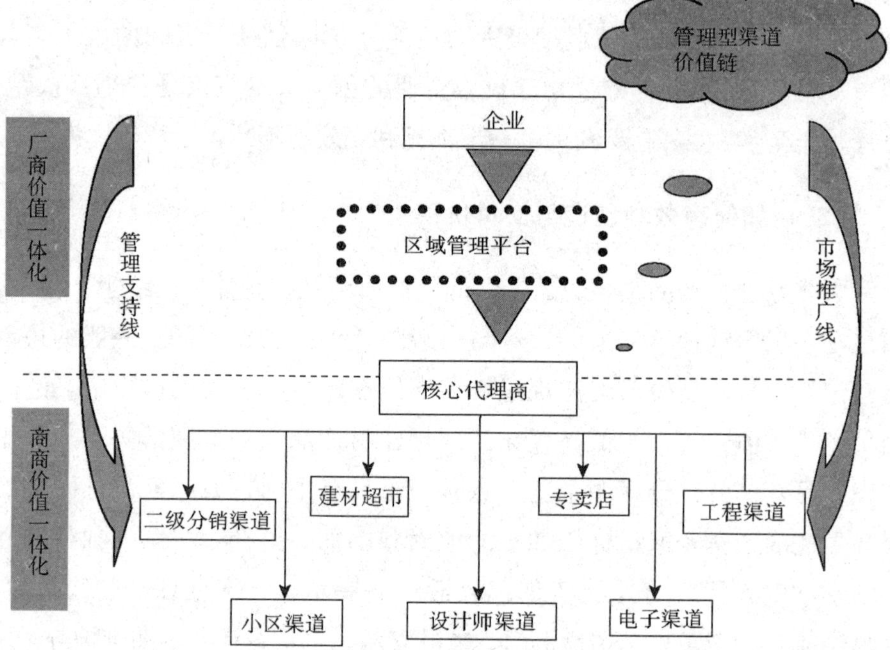

图 1－5　管理型渠道价值链

一体化运作。同时，代理商也派出业务顾问，投入相应的资源支持和帮助下一级各类经销商，与他们高度对接，共同运作市场，实现商商价值一体化运作。

这样，传统的松散渠道就变成了一条能有效创造与交付价值的价值链，基于此价值链，我们就能贴近广大消费者，在广袤的区域市场上建立高效率、多功能的服务体系，并整合相关各方的营销资源和服务资源，建立基于客户价值的竞争优势。东升地毯整合了代理商资金和人员、装修设计师的设计能力、第三方物流的配送能力、专业清洗公司的网点资源和清洗能力等相关资源，构建起行业领先的服务体系。

（三）如何整合传播与沟通价值

建材产品属于相对耐用的产品，介于消费品与工业品之间，消费者的参与度高，但平时的关注度较低，简单地广而告之，是无法让消费者理解和接受产品价值差异的，尤其是文化、审美、服务等软性精神类价值差异。所以，除了一般的品牌传播和推广策略，建材产品的品牌传播和市场推广加强调与目标消费者深入沟通与互动，以便让其更好地体验和感知到品牌和产品的价值差异。为此，增值营销模式要求建材企业做到：

- 品牌个性鲜明和产品定位精准；
- 终端建设情景化，演示与体验兼备；
- 采用主题性、娱乐化和互动性等创新的传播形式，降低营销传播重心；
- 整合多种传播媒体与手段，实现与目标消费者深入互动地沟通；
- 强调客户关系管理，持续开发客户、持续与客户沟通，提供精细服务，深化客户关系，拨动消费者的心弦，获得消费者的认可。

增值营销模式对大多数国内建材企业而言是一场营销革命，因为选择与定义价值、创造与交付价值和传播与沟通价值等各个环节都有创新，这就要求企业在营销战略规划、策略设计和有效实施等层面有效提升专业的营销职能支持能力和建立职业化的营销队伍。

所以，企业要再造营销组织管理体系。要求企业既能有效地提高响应市场竞争的效率和速度，又能按营销战略的要求进行系统和全面的应对，从而建立机动灵活、协调一致的有机性营销组织。

有机性营销组织是相对机械性营销组织而言的，许多企业在应对市场变化的时候，要么是基层各自为战，要么是高层一厢情愿。短期见利见效、长期具有战略意义，只有有机性营销组织才能做到。将原来只具备简单交易功能的营销部门，转型为能真正实现价值的有机性营销组织，企业要把握以下五个要点。

（1）优化营销组织管理模式，坚持“三分机制、七分管理”的管理原则，激活营销组织和队伍。通过市场导向的机制设计，一方面，促进市场管理的后台职能与一线运作的协同；另一方面，促进以营销为龙头的研、产、销、供等环节的一体化协同。

同时，合理分配权力，保持组织刚性和柔性的平衡，具体来说就是要在营销战略层面上实行集中化管理，如市场定位、产品开发和品牌规划等战略层面保持统一性。在实施财务垂直化管理和人力资源一体化管理的前提下，给予一线和中层经理充分授权，保证在策略层面高度灵活，做到一地一策、一时一策、一品一策和一客一策。最后，在基层保持强大的管理力度，增强策略的执行刚性。这样就能保证企业营销战略层次的统一性、策略层次的灵活性和执行层次的强制性。

（2）优化组织结构，明确各部门定位，逐步建立现代营销管理体系，强化目标责任管理体系、计划预算管理体系、绩效考核管理体系和薪酬激励管理体系等基础管理体系，并完善相应的规范和制度。同时，坚持“简单即有效”的原则，聚焦主要问题，有针对性地实施管理，采取有力的行动，保证高效的组织执行力。

（3）加强区域营销管理平台建设，按照“谁代表市场，谁拥有权力；谁配置资源，谁承担责任”的基本组织原则，对一线营销经理充分授权，使其成为区域市场操盘手。同时，适度发育区域平台必要的市场推广、服务和信息等执行性的市场职能。

（4）积极发育现代市场营销管理职能，提高后台职能部门的专业化水平，使其成为有效的服务支持性平台。增值营销模式要求在营销各个环节进行创新，在一线市场营销运作中，需要提供专业指导和决策支持，所以，企业不但要进行高水平的专业职能建设，而且还要通过思想引导、机制设计、流程优化和规范完善等促进前、后台的有效协同。

（5）建设职业化的营销队伍，通过培养营销经理和业务员，打造客户顾问队伍。从单纯的销售管理到客户顾问的打造，只有通过提高营销经理的专业操盘能力，提高整个队伍的专业水平，才能掌控经销商和客户，进而成为其经营顾问，以此实现厂商共赢。

我们阐述了增值营销模式的主要思想与理念，基本模式与策略导向等，具体的市场营销策略与市场运作实务要点，还有相应的组织管理要点等问题，本书后面的章节将逐步阐述。

第 2 章　厂商、商商价值一体化

——建立有效的价值一体化营销链

厂商、商商价值一体化是建立价值一体化营销链的重要理论基础，如图 2-1 所示。厂商、商商价值一体化发展到极致，就是前向一体化，如厂商合资建立一般终端、专卖店、KA 终端。

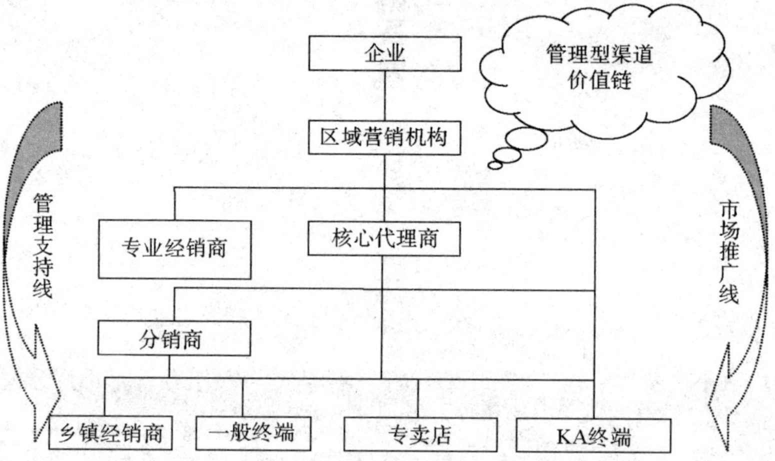

图 2-1　价值一体化营销链

第 1 节　目前的管理模式与问题

S 市家居地毯市场有很多品牌产品，BJ 品牌定位于高端消费群体，不设代理商，自营旗舰店，在红星·美凯龙自营体验店；BK 品牌来自欧洲，设置代理商，代理商在高档家居卖场自营店中店；D、K、M、W 等品牌主要在轻纺市场、建材市场竞争。

D、K、M、W 等品牌以机织（相对于手工编织而言）产品为主，产品同质化现象严重。这些品牌在 S 市有不同的代理商，这些代理商做地毯、台布、软玻璃（餐桌上用的）、地板革等生意，批发销售额从几百万元到 1 亿多元，员工规模一般是家族成员，员工从几名到 20 几名。

从组织设置来看，企业一般在 S 市设立办事处，办事处市场范围一般是"江、浙、沪"，人员 5～10 名，主要精力放在工程毯（如酒店、写字楼用的地毯）上，在家居地毯方面投入的人力资源较少。

从合作模式来看，企业一般采用区域独家代理模式，按代理商所下订单生产，结款方式不同。企业一般根据订货量给不同区域市场的代理商不同的进货折扣与返利政策，提供有限的换货和售后服务；代理商对下面的网点，一般采用电话销售方式，如有门店订货，一般次日安排送货。

从门店数量来看，S 市经营地毯的门店有 400 余家，建材市场中的门店众多，感觉和集贸市场一样。门店老板娘一般不知道地毯的牌子，消费者也不关心牌子，看中了就货比三家、讨价还价，店主更是看人下菜，最高可加价好几倍，最低赚一点钱就卖了。同样，店主进货也从浙江、江苏等地的代理商货比三家，哪便宜就从哪进货，新上市的产品一般一年左右就卖不动了。

这个案例突出地反映了当前典型的厂商、商商管理模式。厂商价值链从企业、代理商、零售终端三者的关系来看，可以定义为**交易型渠道价值链**，核心功能为“收钱发货”，如图 2 – 2 所示。

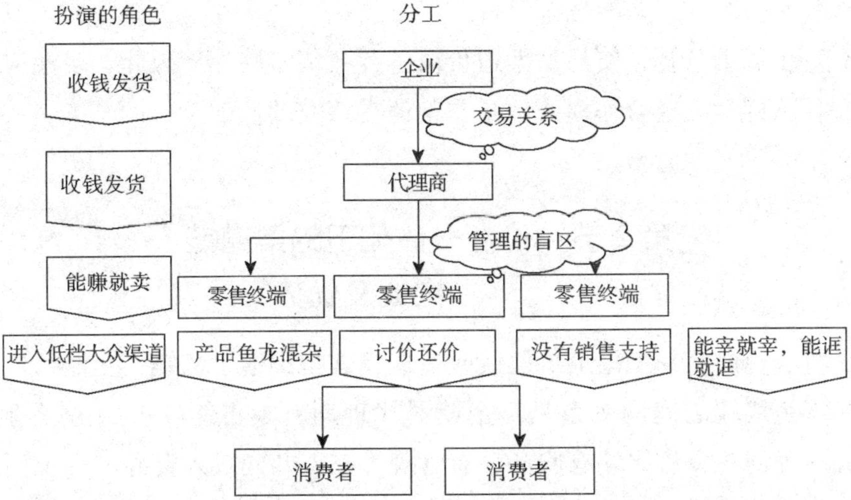

图 2 – 2　交易型渠道价值链

之所以将其称为交易型渠道价值链，是因为企业、代理商积零售终端三方均是买卖关系，特点如下。

（1）**逐利性**。企业和代理商的交易一般视双方的博弈情况而定，代理商和零售终端之间也普遍存在议价情况，可以把地毯当成萝卜、白菜卖，店主只要有钱赚就卖货，一条地毯赚五元也卖，是典型的买卖关系。

（2）**松散性**。企业和代理商之间虽然有合同，但一般不构成约束关系，而代理商和零售终端之间几乎没有合作协议。

（3）**临时性**。因为逐利性和松散性导致几方合作具有临时性。今天进你的货，明天同样的货，谁的便宜，就从谁那里进货。

交易型渠道价值链的弊端如下。

（1）产品流入低端建材市场，鱼龙混杂。

（2）零售终端价格混乱。店主往往推测消费者的身份和购买能力，看人报价。

（3）基本没有宣传，没有服务，依靠自然销售，更多依靠店主的推荐，产品只要卖出去就没有人负责了。

（4）产品没有品牌形象，高度依赖代理商和零售终端，退市速度很快。

基于以上分析，交易型渠道价值链存在诸多弊端，因此，企业应该建立什么样的渠道合作模式，是非常值得探究的。

第2节　价值一体化下的渠道链构成及优势

将当前的交易型渠道价值链改造成**管理型渠道价值链**，企业、代理商和零售终端之间的关系是：企业对代理商、零售终端有服务、有管理；代理商对零售终端有服务、有管理；三方共同投入资源，实现厂商结盟、商商结盟的目标，如图2-3所示。

管理型渠道价值链特点如下。

（1）**建设性**。以建立长久稳固的合作关系为基础，企业和代理商结成战略联盟，企业投入资源积极扶持代理商，代理商投入资源协助企业共同开发、维护市场，两者的关系是建设性的关系。

（2）**紧密性**。由于企业融入代理商工作的方方面面，同时代理商积极扶持零售终端的建设和发展，并签订合同明确三者的责、权、利，所以三者的关系由松散转向紧密。

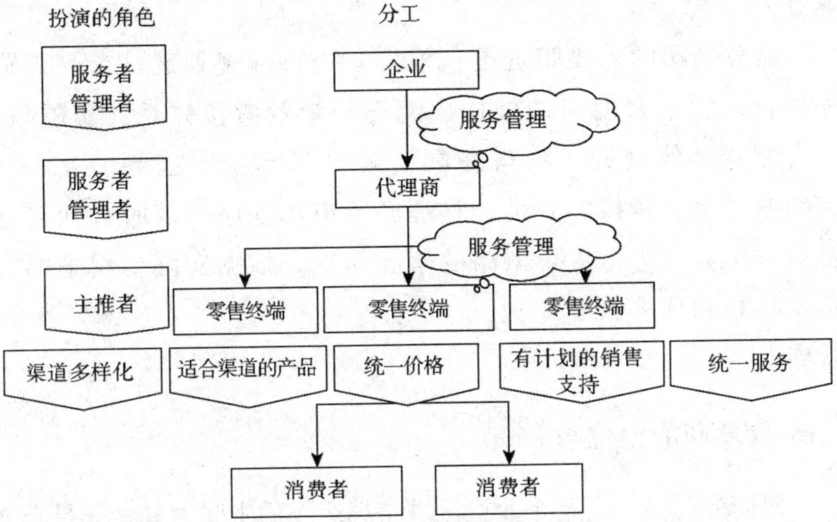

图 2－3　管理型渠道价值链构成

（3）**稳固性**。由于三者关系具有建设性与紧密性，管理型渠道价值链的稳固性显著增强。

企业及其区域分公司的角色定位与职责

（一）企业及其区域分公司的角色定位

企业的角色定位是：区域市场的规划师；区域市场的服务者；区域市场的管理者。

区域分公司的角色定位是：代理商的教练与伙伴。

（二）企业及其区域分公司的主要职责

企业的主要职责是：合理确定区域市场的营销目标，制订区域市场年度营销计划。具体包括目标分解、策略制订（渠道建设策略、产品组合策略、价格策略、促销策略、服务策略等）、实施计划与市场投入预算等。

区域分公司的主要职责是：根据营销目标规划区域市场厂商价值一体化运作平台的组织架构、流程与绩效考核体系；实施策略、执行计划；对代理商、零售终端的日常工作给予指导、支持，同时，对其监督、考核、激励；管理区域市场秩序，及时处罚跨区域的乱价、窜货行为；检查策略的落实情况，根据实际情况适时、适当调整计划和预算。

■ 代理商的定位与职责

一般而言，代理商是企业在区域市场运作的中坚力量，既是企业重要的合作伙伴，又是各地区零售终端的服务者和管理者。因此，代理商必须承担相应的责任、履行相应的义务，在企业—代理商—零售终端这条营销价值链中发挥承上启下的作用，共同达成品牌在区域市场的营销目标。

（一）代理商的定位

代理商是区域市场的利益主体、执行主体，承担区域市场内的具体销售工作，完成销售任务并获取相应的利润，同时还要为消费者提供销售各个环节上的服务。

（二）代理商的职责

代理商在区域市场内负责区域市场的企划、品牌展示和市场推广工作，同时也是区域市场的规划和管理平台，为区域市场经销商提供促销活动、售后服务、人员培训、物流运输等一系列支持。

代理商的主要职责是：

（1）根据企业制订的区域市场目标、策略与组织规划方案建立自己的组织平台。

（2）创造性地执行企业制订的各项市场策略和年度、月度市场计划，努力实现市场各项目标。

（3）总结策略实施和计划执行过程中遇到的困难和问题，和企业一起制订解决方案和调整方案。

■ 零售终端的定位与职责

（一）零售终端的定位

零售终端是企业产品销售的阵地，同时也是品牌、产品与消费者、用户接触的直接界面，是企业与经销商的必争之地。

（二）零售终端的职责

根据企业的要求建设品牌，提升产品形象；
主要销售或重点销售企业产品；
执行企业的政策，配合企业代理商的促销活动；
积极向企业和代理商反馈相关情况。

■ 权责界定

企业、代理商、零售终端权责界定如表2－1所示。

表 2－1　企业、代理商、零售终端权责界定表

岗位	权/责	人		资金		货	物料	车辆
		（对）企业（的人）	（对）代理商（的人）	（对）企业（的资金）	（对）代理商（的资金）			
企业	权	招聘、任用、考核、晋升、转岗	任用、考核、建议招聘、建议晋升及转岗 争议报告权	预算内支配权	对预算内资金可要求按照承诺支付 争议报告权	定价权 对零售网点发货的最终审批权 工厂订货的建议权 争议报告权	预算内物料的制作权及支配权	统一调派权 争议报告权
	责	沟通、关心、支持、帮助、培训	沟通、关心、支持、帮助、培训	对资金的安全、使用效益负全责	协助提升该项资金的使用效益	对发货流向非签约终端及发货价格负全责 对无法保障专卖店的产品组合负全责 对缺货负连带责任	对物料质量、使用效益负全责	对终端送货的及时性及车辆使用效益负全责

续表

岗位	权/责	人		资金		货	物料	车辆
代理商	权	评价及使用建议权 争议报告权	招聘、任用、考核、晋升、转岗、辞退	对预算内资金可要求企业按照承诺支付 争议报告权	预算内支配权	工厂订单的下达权 建议定价权 争议报告权	建议权 按计划使用权 争议报告权	使用申请权和建议权 争议报告权
	责	沟通、关心、支持、帮助	沟通、关心、支持、帮助、培训	协助提升该项资金的使用效益	对资金的安全、使用效益负全责	对终端要货但无货可供负全责	协助提升使用效益	合理保障车辆的数量 车辆按需保养和维修
零售终端	权	评价权	评价权	对合同约定的投入和返利，可要求企业按照承诺支付兑现 争议报告权	对合同约定的投入和返利，可要求代理商按照承诺支付兑现 争议报告权	要求代理商按订单要求准确、快速送货	对协议范围内应支持的物料，要求企业及代理商认真兑现	
	责	沟通、关心、支持	沟通、关心、支持	协助提升该项资金的使用效益	协助提升该项资金的使用效益	提高订货的计划性及准确性，尽量避免紧急订货	协助提升使用效益	

第3节　如何建立价值一体化的营销链

本节中，我们将通过D品牌地毯制造商在S市的渠道建设案例，详细介绍价值一体化营销链中的各个重点环节

D品牌地毯制造商经过几年的深思熟虑，在企业内部达成共识，认为提升品牌是地毯企业的必由之路，而且当下正是转型的好时机。经过反复论证，该企业决定从营销模式转型开始，营销模式转型从建立价值一体化的营销链开始，转型试点确定为S市。

近年来，随着房地产行业的迅猛发展，建材行业也迅速发展，S市建材家饰销售渠道业态不断发展和丰富起来，主要以销售地毯等软装饰的零售终端为主。从红星·美凯龙400平方米的专卖店到建材、轻纺市场10多平方米的小门店，总共达400余家。

一些新兴的销售渠道业态，如网购、集中采购也迅速发展起来。

零售终端是企业营销体系的核心，没有零售网络，企业的营销投入再多，也不会有效果。

营销价值链的打造源于对零售业态的分析和规划，即所谓的渠道规划。在渠道建设完成后，企业可以充分落实其他各项营销策略。

■ 渠道业态规划

经过对S市为期一个月的调研后，该企业将S市的零售渠道进行了梳理和定位。将传统的家居市场、建材连锁卖场称为实体渠道（看得见）或主线渠道；还有些看不见的渠道如网购、特殊渠道、集中采购等，称为非实体渠道、新兴渠道或辅线渠道。这些渠道定位不同，既相互补充又相互竞争，所以，渠道建设的第一步是将零售渠道分类。如图2－4所示。

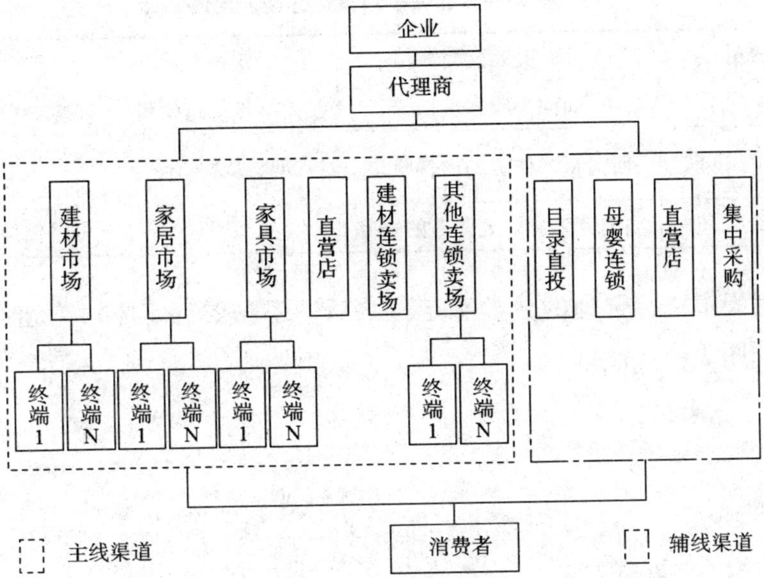

图 2-4　零售渠道分类

将零售渠道分类后，还要进一步明确定位。实体渠道分类、定位如表2-2所示。

表 2-2　实体渠道分类、定位

分类	面向消费群体	定位	举例
综合性卖场	面向收入较高的新购住房群体，定位为建材家居一站式购物	提升品牌的主渠道	红星·美凯龙、居然之家
建材连锁卖场	面向新购住房的工薪阶层	补充型渠道	百安居
建材市场	面向新购住房的百姓消费群体	拉动销量的主渠道	
家具市场	专营中、高档家具，兼营其他家居用品	提升品牌的主渠道	金海马、世贸家具
轻纺市场	专营纺织产品	拉动销量的主渠道	

新兴零售渠道分类、定位如表 2-3 所示。

表2-3　新兴零售渠道分类、定位

分类	面向消费群体	定位	举例
家装（设计师）	面向高收入群体	拉动高端渠道销量	家装公司
集中采购	面向新购住房的白领阶层	拉动高端渠道销量	搜房网组织的集中采购
特殊渠道	面向有2岁以上儿童的家庭	拉动销量	母婴销售渠道

对渠道进行合理的分类和定位之后，还需要确定零售渠道规划原则，如图2-5所示。

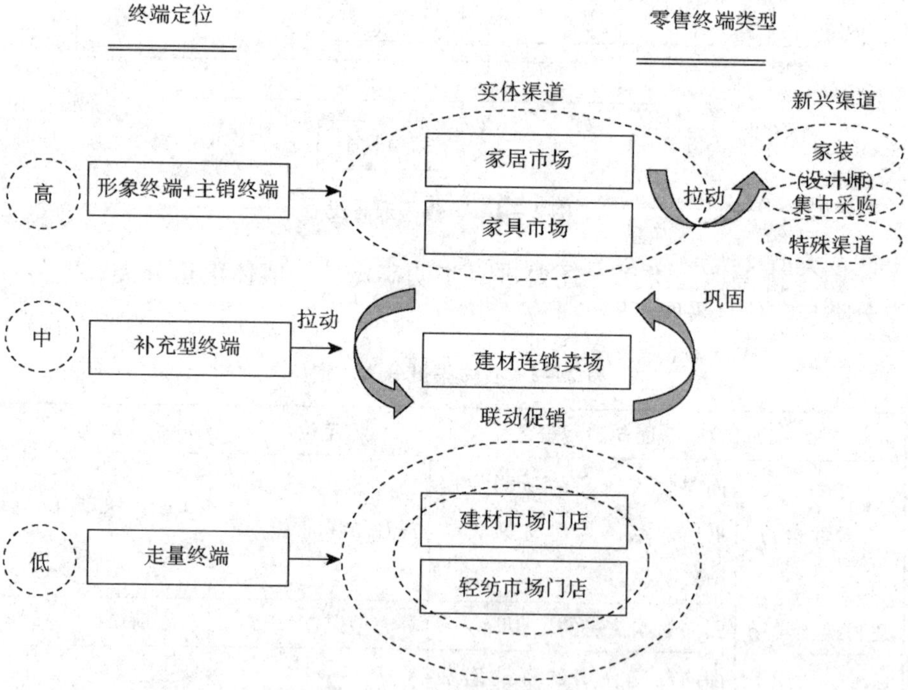

图2-5　零售渠道规划原则

零售渠道规划原则如下。

分工定位、各司其职。实体渠道承担销售主力的角色，新兴渠道发挥拉动实体渠道销量的作用；实体渠道又分为形象门店、走量门店及补充型门店。形象门店以销售中、高档产品为主，走量门店以销售中、低档产品为主，补充型门店以销售中档时尚产品为主。

固本开源。整个零售体系中，实体渠道是销售之本，实体门店中的形象终端又是品牌提升之本。巩固根本的同时，又要广泛开源，增加走量门店的数量。

形象终端应以走量终端为基础，拉动走量终端的销量，走量终端又对形象终端起巩固作用。

通过以上原则的指导，在未来的渠道建设中，原有的单一渠道模式就会转变为立体渠道模式。

■ 实体渠道的分类管理

在实体渠道中，由于门店数量繁多，本着资源重点投入的原则，根据零售终端功能定位、门店的硬件条件、品牌宣传价值、投入产出比、店主对企业的接受程度、企业可获得的展示位置不同，将零售终端网点分为以下四个类型（级别），如表 2－4 所示，类似于汽车销售中的 NS 店。根据网点分类与定位，采取不同的操作策略，确定不同的资源投入标准。

表 2－4　零售终端网点类型

级别定义	旗舰店	专卖店（4S－3S 店）	专卖区（3S－2S 店）	专卖点（2S－1S 店）
功能定位	展示、销售、沟通、服务、信息收集	展示、销售、沟通、服务、信息收集	展示、销售、沟通、服务、信息收集	广告、销售、沟通
形象	高档形象	标准形象	良好形象	基本形象
产品种类	经营全系列产品，完全出样	经营全系列产品，完全出样	主销产品出样	以中、低端产品出样为主
主要分布区域	根据商圈独立建设	以店中店形式存在于红星·美凯龙、剪刀·石头·布，或以独立门店形式存在于建材、轻纺市场	在九百家居、好美家及建材、家具、轻纺市场独立门店内，做不成店中店，只能获得专卖区	在建材市场的小规模门店内

续表

级别定义	旗舰店	专卖店（4S－3S店）	专卖区（3S－2S店）	专卖点（2S－1S店）
经营面积	300～500平方米	50平方米以上	20～50平方米	20平方米以下
资源支持力度	最大	大	中	小

旗舰店与专卖店的定位是树立形象、中心造势、拉动高端产品的销量；专卖区的定位是保证销售规模，打造有亮点的主力销售门店；专卖点的定位是宣传品牌，提高网点覆盖率。

■ 加强自有渠道的开发力度

自有渠道是指，企业和代理商共同投资建设的，以经营厂商产品为主的旗舰店和专卖店。

在D品牌S市年度营销规划过程中，大家一致同意建设立体渠道的模式，但在加强自有渠道开发力度方面，大家的意见并不一致，原因如下。

首先，D品牌从未操作过自营店；其次，S市D品牌的现有代理商缺乏相关经验；最后，S市合适的商圈自营店租金很高，大家都怕赔钱。

但经过一段时间的尝试，大家逐渐对开发自主渠道达成共识。

（一）建设自有渠道的意义

从建材产品销售实践来看，进入高端卖场的产品不一定是品牌产品。

以 S 市为例，如诺贝尔、TOTO 都在该市高端建材品牌的制高点 YS 路建立了超大规模的旗舰店，在各个高端家居、家具卖场均有店中店。

所以，高端卖场是企业提升品牌形象的必争之地。而旗舰店的建设则是市场渠道建设的龙头，是提升品牌形象的重要突破口。

（二）建设自有渠道的注意事项

1. 高端卖场自营（或加盟改造）专卖店遇到的困难

（1）暂时无法找到适合的空位

从实际情况来看，知名竞争品牌在高端卖场有多年的站位优势，后发品牌在卖场中找不到理想的位置。

（2）高端产品不支持的问题

后发品牌缺乏高端产品，需要提升产品档次，不适合进高端卖场。

（3）找到了适合的空位，但找不到经营者

随着高端卖场专卖店选址工作的推进，可能找到了合适的高端卖场、合适的招商空位，但是找不到愿意操作的经营者。

2. 方法

后发品牌应该采取什么方法进入高端卖场呢？我的建议如下。

（1）第一种方法：自营与他建他营相结合

支持别人开店，有以下几个途径。

一是给原有的客户打电话，告诉他们："我们这里有店面信息，支持大家做专卖店"；

二是给相关展会上收集到名片的意向客户打电话；

三是做招商广告。

如果实在找不到合适的卖场和经销商，我建议工厂投资自营 1 ~ 2 个门店，做 1 ~ 2 个标杆店。在经营的过程中再寻找接盘手，这是企业的必由之路。

（2）第二种方法：改造加盟

有的经销商会在高端卖场经营其他品牌的专卖店，可以考虑把它改造成自己品牌的专卖店。

（3）第三种方法：与关联知名品牌结盟

如果以上办法均无法实现，企业可尝试采取战略结盟的方法。

在高端卖场（注：只限高端卖场，红星·美凯龙、剪刀·石头·布、吉盛伟邦、月星家居等），我们选择其他关联产品的专卖店，这在建材、家电销售中有很多成功案例，如在卖诺贝尔瓷砖的店里卖灯，在卖沙发的店里卖灯等。这就是所谓的"蚕食策略"，后发品牌锲而不舍，一点点进入高端卖场，从无到有，从小到大。

这里投入的成本主要是出样费用，这些成本与直接开店的成本相比，企业还是可以承受的。

要给其他关联产品导购员较高的提成，调动他们的积极性。如发放优惠券，请消费者到指定店购买产品，企业可以凭优惠券给导购员提成。

3. 可行性指导案例

（1）百安居

门店：全国42家；

进场费：每家门店5000元；

全国性合同：要求企业直接供货，或者由一家代理商供货；

合作模式：经销或者代销，百安居倾向于代销；

账期：45天，但是一般会拖到90天；

进入条件：采购选中的产品即可，可以马上操作；

配送管理：工厂自行配送到百安居全国各个门店；

建议操作模式：企业与百安居直营，代理商负责配货和门店管理，以及导购员的派驻工作，企业给予代理商一定的费用补贴；

当前合作品牌：红粉佳人、红地。

备注：

不能只做部分门店，某些产品没有区域性品牌规划，区域采购员无权操作；

以上条件可以谈判；

是否由一家代理商来做或者由企业直接做，可以谈判。

结论：需要在全国市场统一进店操作模式，目前可行性不大。

（2）**红星·美凯龙**

门店租金：每平方米每月 100 元，目前无位置；

首选门店：建议首先进入汶水路店，上海红星·美凯龙软装饰最大的门店；

进入方式：驻点经营，单店考核，每家门店都要进行单独的谈判；

位置选择：目前无退租商户，需要等待一段时间。

（3）**金海马**

门店租金：外环周围每平方米每月 200 元，内环周围每平方米每月 250 元；

进入方式：驻点经营，单店考核，每家门店都要进行单独的谈判；

位置选择：目前无退租商户，需要等待一段时间。

4. 相关建议

（1）大多数采购员对企业只是略有耳闻，并不了解企业。我建议采购员在谈判前先整理好企业的宣传材料。

（2）企业操作全国市场时，可考虑成立大客户部，针对百安居和红星·美凯龙进行销售管理，百安居争取签下全国合同，红星·美凯龙争取进入软装修目录。

■ 专卖区建设

专卖区是未来立体零售终端中的主力门店，意义重大。

在建材、家具、轻纺市场，如果暂不具备改造专卖店的条件，则应侧重于专卖区建设。

该渠道客户的重要特征：自身具备基础销量，品牌选择多样化，谁投入多、谁的份额就多。经营灵活，属于价格敏感型的客户，注重赚小钱，如进货时，代理商把零头抹掉，或产品哪怕便宜一两元，也是客户选择进货渠道时考虑的重要因素。

■ 专卖点建设

在建材、家具、轻纺市场内，普通门店不具备改造成专卖店、专卖区的条件，但可以纳入专卖点的建设规划中。

该类终端的定位：只卖几款产品，通过改造形象，在门店橱窗投放广告，为企业造势。

该类终端建设的标准为：门头、门柱两侧、橱窗挂条幅和吊旗等，要求至少悬挂一条企业条幅。

■ 零售终端形象生动化建设

（一）统一终端传播形象

工欲善其事，必先利其器。终端传播形象是品牌立足的重要基础，而且该传播形象要在全国市场落地，所以企业应该给予应有的重视。我建议寻找业内有相关成功设计经验的专业设计公司设计形象，在统一的终端传播形象设计的基础上，因地制宜地对各类实体零售终端进行生动化包装。

（二）各类零售终端具体的包装参考标准

专卖店的包装参考标准：根据整体设计方案施工。

专卖区的包装参考标准如下。

（1）和店主沟通获取最好的位置；

（2）根据统一的终端传播形象切割部分展台或展架，进行区域施工，并配备吊饰、灯箱；

（3）协商门头、门两侧、墙面及橱窗广告位；

（4）立体包装。

专卖点的包装参考标准：由于专卖点的店面质量不高，一般遵守控制成本、简易包装的原则。

■ 与代理商合作

D 品牌在 S 市的独家代理商 ws，与企业合作不到一年。ws 的老板是浙江商人，虽不善言谈，但吃苦耐劳、亲力亲为且具有敏锐的商业洞察力，善于把握机会，客户人际关系良好，从 S 市轻纺市场的一间小档口发展成年营业额 1 亿多元的批发商。而与其同期做生意的其他人还在经营门店或仍属于规模较小的批发商。

他的公司主营水晶板（软玻璃）、地毯、地垫、台布四类商品的批发业务，在 S 市附近的 K 市购地数百亩并建有生产车间。同时，在 S 市租赁近 2000 平方米的配货库房，目前主要在江浙一带开拓市场。D 品牌年度产品销售额在 ws 全部销售额中占 10% ~20%。

从该代理商在 S 市的渠道来看，由于其经营产品的特点，渠道广泛分布于 S 市的建材市场，客户具有小和散的特点。

在经营理念上，传承软玻璃等产品批发经营模式，低价快跑、以量取胜。

该代理商的运营模式是典型的坐商模式，跟单员跟进业务，不拜访客户，只打电话联系客户，接受电话订货和上门订货业务。

内部运营管理处于粗放式管理阶段，采购、订货、发货、送货、库存、财务管理均无章可循、效率低下，管理上的问题比较多，客户抱怨多。

D 品牌转变营销模式后，经过综合考虑，最终选择在 S 市与 ws 合作。

D 品牌选择与 ws 合作，实际隐含着两个未验证的假设问题。一是 ws 是否有能力实施新的营销模式；二是 ws 能否接受新的营销模式。

基于以上两点，ws 能否肩负 D 品牌拓展渠道的重任，和 D 品牌一起风雨同舟，走向灿烂的明天是新的营销模式取得成功的关键要素之一。

D 品牌可以选择以下四种营销模式在 S 市与代理商开展合作。

（一）独家代理模式

独家代理模式如图 2－6 所示。

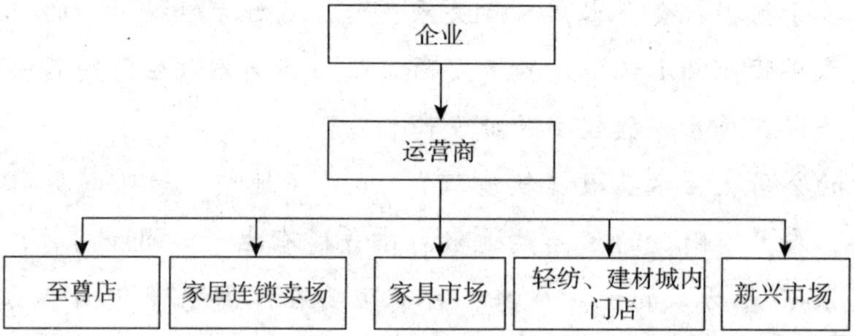

图 2－6　独家代理模式

在该营销模式下，代理商可称为运营商，但要满足以下四个条件。

（1）**渠道上下通吃。**从高端家居连锁卖场到低端轻纺、建材城内门店，要求代理商有丰富、稳定的渠道资源，代理商最好在高端卖场有店面，既有批发经验，又有零售经验。

（2）**运营能力。**包括硬件条件、资金情况。企业开发代理商必须注意考察代理商的企业状况，比如，组织结构、人员架构、财务状况、信誉度、市场执行能力、其他经营业务、经营者经营意识和思维意识等，确保代理商具备一定的可成长性，规避由于代理商自身原因引发的不良后果。

（3）**运营理念。**要求代理商能够接受价值一体化营销链的理念。

（4）**可掌控原则。**绝不是实力越强的代理商越值得开发。企业一定要将代理商的忠诚度、可掌控程度放到重要的位置上，综合考虑实力与忠诚度，优先考虑开发忠诚度高、具备一定实力、相对容易掌控的代理商。原则上，D 品牌的产品如能占到其全部经营利润贡献的 50%，或在所有品类贡献中排名第一时，才具备较高的可控性。

（二）分渠道运营模式

分渠道运营模式如图2-7所示。

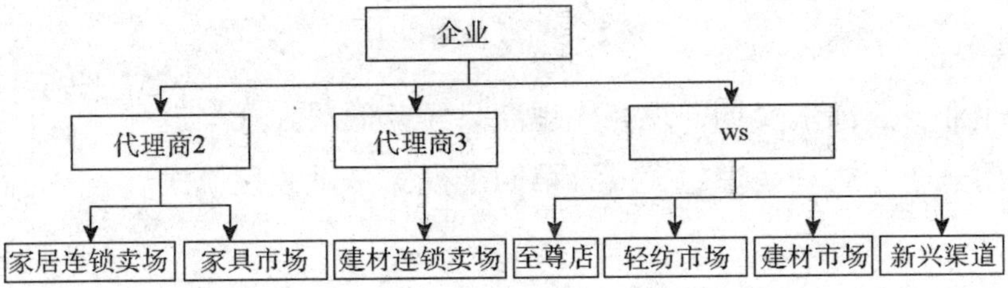

图2-7　分渠道运营模式

合作的前提是现有代理商不具备开发高端卖场的能力和意愿，采取分渠道运营模式可以化整为零、优势互补，三分天下，分而治之。

（三）混合模式

混合模式如图2-8所示。

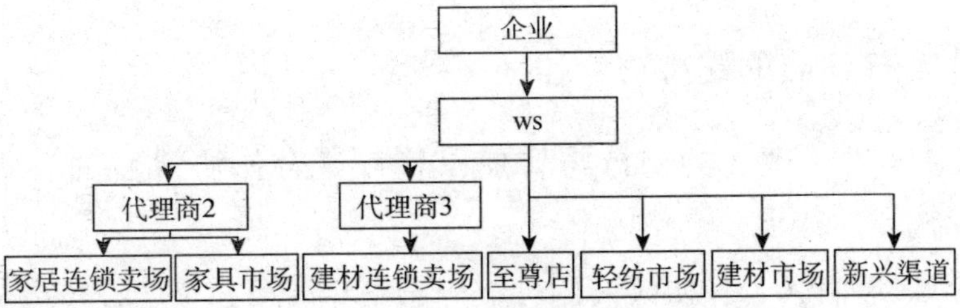

图2-8　混合模式

现有代理商不愿放弃代理商资质，希望采用混合模式。

（四）物流商模式

物流商模式如图2-9所示。

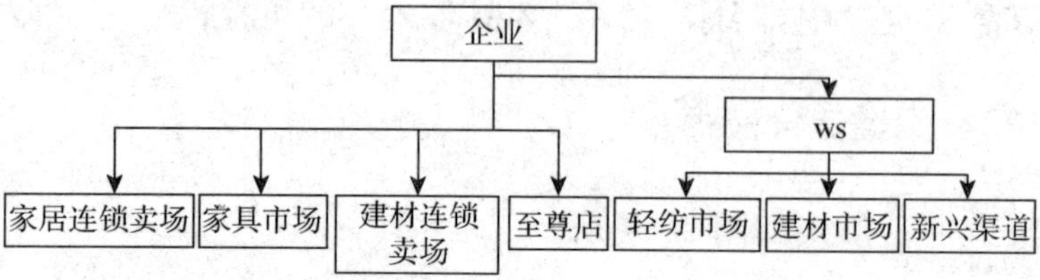

图 2－9　物流商模式

企业自营高端卖场，现有代理商只经营低端大众渠道。

前三个模式均是理想模式，第四个模式是过渡性模式。

D 品牌与 ws 反复博弈，ws 始终表态不愿放弃代理商资质，D 品牌也想充分规避第四个模式带来的风险，最后双方决定采取第一个模式。

随着《D 品牌 S 市 2009—2010 年营销规划及预算安排》的审核通过，市场进入新模式操作阶段。

对代理商的支持与管控

D 品牌对代理商的支持与管控以签订《合作协议》的方式确定下来。

S 市代理商《合作协议》附件——第一年度第三季度考核指标及方法如下。

第一年度销售时间：20××年 7 月 1 日—20××年 6 月 30 日

第一年度销售目标：××万元，目标分解如表 2－5 所示。

表 2－5　第一年度销售目标分解

7 月	8 月	9 月	10 月	11 月	12 月	1 月	2 月	3 月	4 月	5 月	6 月	合计
1%	10%	10%	10%	10%	14%	20%	10%	1%	10%	2%	2%	100%

首批打款：××万元，其中保证金××万元。

考核指标与方法如表2-6所示。

表2-6 代理商季度经营考核表

序号	考核内容	计划目标	实际完成	奖励比例	说明
1	代理商硬件设施和人员配置的合理性	新设公司中包括10名销售人员、2名订单管理员、3名库管，3部专用送货车辆，必要数量的直营店员与充足的仓储等设施和专项资金，以支持甲方独立运营产品			从8月1日起至9月30日持续达标获得该项奖励
2	旗舰店建设	××个			9月份营业即得该项奖励
3	自营专卖店建设	××个			每开业1个专卖店得1/8该项奖励
4	完成约定的季度进货指标				完成90%以上即可得该项奖励
5	信息反馈	应每月末向甲方提供授权区域内分销商的月度发货明细、乙方月度订货计划、进销存变动情况			
	合计				
	奖励基数	季度实际进货额			

同时，对企业的义务也做了明确的界定。至此，厂商平台架构基本搭建完成。

■ 代理商对零售终端的支持与管控

丙方全年提货任务______万元，任务分解如表 2－7 所示。

表 2－7　丙方全年提货任务分解

7月	8月	9月	10月	11月	12月	1月	2月	3月	4月	5月	6月	合计
0%	11%	10%	10%	10%	14%	20%	10%	1%	10%	2%	2%	100%

丙方每次打款后，提货凭证经乙方确认后，提供给甲方作为考核销量凭证。

1. 首批打款：________万元，其中展示架押金________元。
2. 考核指标与方法如表 2－8 所示。

表 2－8　零售终端季度经营考核表

序号	考核内容	奖励比例	计划目标	实际完成	说明
1	完成约定的季度进货指标	1%			完成 90% 以上即可得到该项奖励
2	陈列	0.2%	按甲方、乙方的规定陈列（摆放），保证产品商标和条码完整		
3	产品知识达标	0.4%	店内销售人员的产品知识基本达标		
4	参会	0.2%	参加甲方、乙方组织的季度经营提升会		店老板（娘）参加即可得到该项奖励
5	信息反馈	0.2%	使用条码及 POS 机记录每天的销售数据，每月月底向甲方、乙方递交本月的销售情况及截至该日的库存情况		

续表

序号	考核内容	奖励比例	计划目标	实际完成	说明
6	合计	2%	奖励基数以季度实际进货额为准		
7	取消丙方当季度返利规定		只经营 D 品牌，且 D 品牌产品陈列面积占店内面积 90% 以上		如经营非 D 品牌产品，取消当季度全部返利
8			不向乙方以外的其他客户提货		如向乙方以外的其他客户提货，取消当季度全部返利
9			不低于甲方、乙方规定的最低零售价销售产品		如不遵守甲方、乙方规定的最低零售价销售 D 品牌产品，取消当季度全部返利

至此，商商合作平台架构基本搭建完成。

■ 厂商协同

（一）厂商协同的基本形式

厂商价值一体化并不仅仅指渠道模式的变革，其更深层次的意义是撬动代理商能力和资源的重要杠杆。就其“争夺市场”的根本目的而言，有以下三个基本命题和协作重点。

如何开发市场？包括区域市场的开发重点、开发策略、开发深度等。各区域市场分公司作为市场开发的主体，需就这些问题与代理商达成共识，并就双方的协作重点制订目标、计划。

如何维护市场？包括区域市场的维护重点、维护方式、市场目标等。代理商作为维护市场的主体，必须充分了解维护市场的目标、计划，并在分公司的协同和支持下实现对区域市场的充分开发和维护。

如何组织资源？各区域市场分公司应充分利用和组织企业的相关资源，指导、支持、牵引代理商开发市场、精耕细作市场。

（二）厂商协同的主要内容

上述三个基本命题具有内在逻辑性和统一性，即各区域市场分公司的市场开发重点与代理商的市场维护重点应该保持一致。例如，“向三、四级市场渗透”，不仅分公司要组织资源开发乡镇市场，代理商也应该着力于乡镇市场的终端开发与维护工作。

同时，就每个基本命题而言，其策略的执行和落地均涉及各区域市场分公司与代理商之间的协调统一。主要包括以下内容。

1. 市场开发方面的厂商协同

区域布局一体化：在销量目标和竞争格局的指引下，在哪里开发市场？开发的重点是什么？在开发中如何达成一致？怎样承担各自的责任？如何保证市场开发的效果和双方责任落实到位？

营销策略一体化：确定的市场开发目标如何在市场开发中发挥作用？企业是策略的制订者，代理商如何对接？如何落实策略？如何保证营销策略的效果和双方责任落实到位？

目标计划一体化：市场开发目标和既定的营销支持策略如何落实到营销计划和资源预算中，同时，进一步落实双方之间应该承担的责任和在每一个步骤中完成各自的任务？如何保证营销计划、预算效果和双方责任落实到位？

2. 市场维护方面的厂商协同

终端管理一体化：企业和代理商的终端管理的内容和目标是什么？相互承担什么责任？如何保证终端管理的效果和双方责任落实到位？

导购员管理一体化：导购员管理的内容和目标是什么？如何使导购员管理效果最大化？双方如何分工？

售后服务一体化：售后服务的内容和目标是什么？在售后服务体系建立的过程中，企业和代理商各自承担什么责任？如何保证售后服务的效果和双方责任落实到位？

信息反馈一体化： 双方需要哪些信息？如何通过有效的流程和手段收集和分析信息？

市场秩序维护一体化： 企业和代理商在市场秩序维护中的内容和目标是什么？相互承担什么责任？如何保证市场秩序维护的效果和双方责任落实到位？

3. 组织管理方面的厂商协同

沟通体系一体化： 为了有效对接，企业和代理商的沟通机制包括哪些内容？如何保证沟通机制在市场开发和维护过程中促进双方合作？

支持体系一体化： 为了使代理商承担起市场开发和维护的责任，分公司需要提供哪些支持？如何保证支持体系的有效性？

管理体系一体化： 如何提升代理商的能力？如何评价和激励代理商？如何有效指引代理商？

第 4 节　价值一体化营销链的动态调整

■ 避免多渠道冲突的价格协调策略

（一）实体渠道的价格协调策略

在所有的价格冲突中，实体渠道的冲突最激烈，也最不容易管理和控制。主要原因在于建材市场渠道的低价盈利模式，冲击了高端家居、家具渠道的较高定价、较高盈利模式。

控制实体渠道价格冲突主要有以下三种手段。

一是统一最低零售价。专卖区的供货价接近高端专卖店的最低零售价，以较高的返利政策遏制专卖区的低价销售行为，稳定市场零售价格体系。

二是采取产品区隔策略。高端卖场的专卖店经营中、高档产品；建材市场的专卖区只供应中、低档产品；专卖点则只供应2～3款低价位的专供产品。

三是避免主销型号集中的产品，尤其要分散各个实体渠道的利润产品。

（二）交叉区域的价格协调策略

地理区域上、渠道覆盖上出现重叠，企业可以利用产品区隔在一定程度上抑制价格冲突，但在产品较单一或某些特定情况下就不太适用了。例如，在市场处于成长期时，投放过多的产品不利于集中造势、塑造品牌形象和提高产品形象。

在区域重叠、产品又比较单一的情况下，抑制价格冲突主要有以下三种手段。

一是同类型渠道尤其是新兴渠道，价格及与价格相关的促销活动要一致。

二是控制渠道库存，防止商家低价甩货、扰乱价格体系。

三是包装价格，给予价格维护、终端陈列等奖励，增强渠道主推动力，抑制降价。

（三）不同类型客户间的价格协调策略

团购客户、工程客户和大客户等采购量比较大的客户，对市场价格影响最大。由于团购客户、工程客户和大客户的采购量大，渠道会给予一定的折扣，通常不会引起渠道价格冲突。但是，如果这类订单太多，尤其是出现不真实的订单时，就很容易扰乱渠道的市场价格体系，导致各渠道成员一窝蜂地降价甚至“跳水”。

要防止此类价格冲突，企业可以采取以下三种手段。

一是企业设定大客户享受的折扣，渠道库存产品不享受此折扣，这样既能保证订单的真实性，又能作为一种渠道价格激励措施。

二是设定团购客户、工程客户和大客户的折扣标准，违者按乱价处理。例如，规定折扣后的价格不得低于市场最低零售价格等。

三是以捆绑、买赠等促销方式变相降低价格，控制降价幅度。

■ 优化渠道模式

在与代理商合作的过程中，企业会遇到以下两种情况。

一种是有意愿没能力，一种是有能力没意愿。不管是哪种情况，在渠道建设的初期都会遇到不配合的代理商。不配合的原因是代理商既想赚钱，又不想承担自营专卖店的风险。

其中，比较严重的问题是：代理商不遵守游戏规则，依旧谁要货就给谁发货。而企业规定：只有签约的零售终端才能拿到授权货，根据网点合理布局和市场有效管控的规划，非签约终端拿不到授权货，签约终端拿不到经营授权以外的货。代理商这么做会让苦心建立起来的零售终端体系崩溃。

在这种情况下，理想的渠道格局是代理商分渠道运作，即根据一个城市的渠道和区域市场的实际情况发展几个代理商。具体操作步骤如下。

第一，确定现有代理商的渠道运作能力。

第二，如果代理商能力不足、意愿不强，可暂时将其定位为大众建材市场的物流商。

第三，在找到合适的代理商之前，企业对高端卖场应采取**过渡性直营策略**。同时，不遗余力地挖掘具有一定实力的其他代理商接盘运作未来的分渠道，企业退出直营。

第四，这些代理商一旦能力增强，企业就要实施“**三国演义**”的代理商渠道格局，变一家代理商为三家代理商。例如，“一家代理商负责浦西市场，一家代理商负责浦东市场，至少一家代理商负责高端卖场”。大区划小区、细分渠道、专业经营，更适合精耕细作市场，在建材渠道的建设过程中不乏成功案例。

第3章 品牌增值

随着房地产行业的发展，建材行业发展迅速，企业规模和数量都有了较大的变化。立邦、美标和欧司朗等国际品牌先后进入中国市场，欧普、华润漆和马可波罗等本土品牌异军突起，形成一定的市场规模。

前期丰厚的利润吸引了越来越多的企业和资本进入建材行业，行业竞争白热化，价格战、广告战、促销战、人员推销战此起彼伏，采用传统单点作战的营销手段取得的效果越来越差，企业的利润越来越少，行业开始进入优胜劣汰、适者生存的洗牌阶段。与此同时，生活水平的提高使消费者在购买建材产品时越来越关注品牌，于是，许多企业抓住机会大力发展品牌，在央视、省级卫视和高速路牌等媒介上投放大量的广告，企图通过提高品牌知名度获得竞争优势。然而，令企业困惑的是：白花花的银子流走了，知名度也有了，销量却在“原地踏步走”，并没有出现类似其他行业的“广告一响、黄金万两”的盛况。

企业要想走出上述品牌营销困境，要想打造真正能促进销量增长的建材品牌，首先必须明白建材品牌不仅承载了产品本身的价值，如涂料不仅能美化墙面，还承载着消费者在售前、售中和售后过程中感受到的体验价值、精神类价值和服务价值等营销价值。消费者不是简单地根据产品的功能价值和价格做出判断，而是根据品牌承载的整体价值和价格做出判断，因此，通过精美的售前展示、愉快的购物体验和专业的售后服务等增值营销活动打造品牌，提高品牌承载的整体价值尤为重要。

第1节　建材产品的品牌特点及品牌误区

■ 建材产品的品牌特点

建材行业是一个低关注度、高参与度的行业。低关注度是指消费者对建材品牌的关注度较低，只有当自己或亲朋好友需要购买建材产品时才会关注，大多数人都知道可口可乐、娃哈哈、海飞丝等品牌，很少有人知道欧司朗、欧普和美标。高参与度是指消费者购买建材产品的参与度较高。由于建材产品的价格比较高，装修一次要花几万元甚至几十万元，而且各企业的产品质量有很大差别，价格透明度不高，消费者往往会花很多时间和精力收集信息和比较产品。建材产品的品牌特点导致消费者对建材品牌的认知和其他行业品牌的认知有很大差别。

（一）品牌认知趋于理性

消费者对快消品的品牌认知是三分理性、七分感性，很容易受广告等因素的影响，如提到百事可乐，消费者首先想到的是它的激情与活力，其次才是它作为饮料的解渴功能，而且几乎没有人关注它的主要成分是不解渴的糖水。而对建材品牌的认知是七分理性、三分感性，消费者首先会了解和分析其功能属性，并且通过各种途径相互验证，在此基础上才会关心建材产品的感性价值，没有消费者会购买不结实但是让人觉得有品位的瓷砖。

（二）品牌参与程度高

由于快消品的差异非常小，因此，消费者对快消品品牌的参与大多停留在表面上，不会过多地比较各品牌之间的差异，也不会深究它们是否真的有广告宣称的功能。比如，大多数消费者在选购矿泉水时不会刻意选择农夫山泉、娃哈哈、康师傅，随意性很强，也不会过多地关注它们是否真的是山泉水、纯净水、矿物质水。消费者对建材品牌的参与度高，他们一般会在网上收集相关产品的信息，进行初步比较，然后向亲戚、朋友、装修人员咨询，还会去建材卖场实地考察和体验，最后和家人商量之后才会购买产品。

（三）认知渠道和认知点多

与消费者对快消品品牌主要通过广告和产品包装辨别不同，消费者对建材品牌的认知途径有很多，广告、网络、亲朋好友、装修人员、卖场、门店、代理商、导购员等，都是消费者获取品牌信息的途径。所有的认知途径都能对消费者发挥决定性的作用，且亲友、装修人员、导购员和网络论坛的影响力要高于广告。因此，在品牌传播过程中，企业不能局限于央视等广告媒体向消费者传播信息，要注重向代理商、终端和装修人员传播信息。

（四）品牌忠诚度高

相对于快消品而言，消费者对建材品牌的忠诚度非常高，人们今天可能喝娃哈哈矿泉水，明天就有可能选择康师傅或农夫山泉矿泉水。但是对建材品牌来说，绝大多数人在再次购买或向亲友推荐时一定会选择曾经使用过的品牌。对现在使用的品牌满意度越高，再次购买或推荐这个品牌的可能性就越大，这是因为建材产品本身比较复杂，价格也比较昂贵，转换品牌的成本和风险非常高。

■ 建材产品的品牌误区

鉴于品牌在竞争中的作用越来越重要，稍有实力的企业都在花大力气提高品牌知名度，企图获得竞争优势。然而，从目前企业经常采用的品牌营销手段可以看出，品牌建设依然停留在比较低的水平上，甚至可以说走入了品牌建设的误区。以下是企业常用的品牌营销手段。

“假洋鬼子”型营销手段。欧洲品牌在设计理念或产品质量方面领先于国内品牌，甚至很多建材产品本身就是西方国家的舶来品，消费者有“崇洋媚外”的心理。因此，很多国内企业抓住这一心理，要么给产品起一个洋名字，如××罗、××莎等；要么就干脆说自己的产品来自欧洲，以图树立起相对高端的品牌形象。

概念炒作型营销手段。这类企业利用消费者对科技“盲目崇拜”或是强烈需要某类功能的心理，大肆炒作一些概念，如地板界的防水地板、灭菌地板、E0 地板，涂料界的纳米涂料、无甲醛涂料、低 VOC 含量涂料，陶瓷界的高温陶、无菌陶。殊不知消费者对绝大多数概念根本不“感冒”，他们会非常理性地看待自己的需求和产品价格之间的关系。

狂轰滥炸型营销手段。在央视、省级卫视、公交车、高速路牌等媒体投入大量广告，意图跟消费者混个“脸熟”。以涂料行业为例，前十大涂料企业都在央视黄金时段推出了自己的广告，不惜花血本传播自己的品牌。

明星吹牛型营销手段。聘请当红歌星或影视明星做自己品牌的代言人，说自己的产品多么好，利用明星的知名度提高品牌的知名度和消费者对品牌的忠诚度。

低俗献媚型营销手段。有些企业为了讨好消费者，提高品牌知名度，不惜用一些低俗的手段达到目的。

企业在建设品牌过程中陷入误区源于对建材行业消费特点和品牌认知特点理解不深。一般来说，品牌具有两大核心功能：一是将自己的产品和其他竞争产品区隔开，让消费者知道自己的产品，即品牌的识别功能；二是向消费者宣传产品价值，即品牌的价值承载功能。但上述营销手段只能提高品牌的识别功能，却没有打造品牌的价值承载功能。

建材产品的品牌运作模式不同于快消品的品牌运作模式，品牌的运作重心不仅要放在产品本身上，还要考虑产品展示、推介、设计、施工和售后服务等一系列环节，正所谓“三分产品，七分感受”，消费者购买的只是半成品，设计、施工和售后服务对最终效果有重要影响。因此，建材品牌要围绕以价值增值为核心的品牌战略运作市场，用品牌所代表的核心价值指导产品展示、推介、设计、施工和售后服务等工作，使品牌在每个环节都能实现增值，使品牌承载的价值最大化。

由于品牌意识和理念错误，产生了品牌策略、投入和管理等一系列问题。

首先，策略方面。由于没有正确的品牌意识的指导，导致同一时期策略不明确、杂乱无章，不同时期策略连贯性不强。

其次，投入方面。大量的资源用于电视、路牌等广告，导致终端包装、展示、设计、人员培训和售后服务方面投入不足。表面上看，企业投入了很多资源，实际上造成了资源的浪费和有效投入不足。

最后，没有专门的品牌管理部门和队伍。

第2节　基于价值的品牌建设

基于建材产品的消费特点和品牌认知特点，企业在品牌的树立过程中不能仅仅围绕品牌的识别功能和区隔功能，还要围绕增值营销模式建设品牌。品牌建设的最终目的是体现品牌承载的价值与竞争品牌承载的整体价值之间的差异，而不仅仅是体现单方面功能或概念差异。整体价值差异可以来自产品本身的差异，也包括在售前、售中和售后服务过程中消费者体验到的精神方面的价值。

（1）在品牌定位方面，企业要提炼出品牌的理性诉求，同时，用感性的场景和语言表达出来，引起消费者共鸣。同时，由于建材产品的理性消费特点，企业不能仅仅停留在提高品牌知名度的层面上，还要关注品牌的美誉度和忠诚度，利用品牌转换成本高和风险大的特点提高消费者再次购买或推荐该品牌产品的比例。

（2）在品牌传播方面，企业不能沿用过去的主要以高空轰炸为主的营销传播方式，要采用“三分高空、七分地面”的营销传播方式，降低品牌传播的重心。从终端包装、代理商的形象、导购员的形象、设计师的形象和售后服务人员的形象方面传达品牌价值，与消费者进行多种形式的深入互动、沟通，让消费者在亲身体验过程中为品牌价值加分。传播的对象也不能局限于最终消费者，还应该包括代理商、终端商、设计师和售后服务人员等所有渠道成员，只有他们理解了品牌价值，才能更好地向最终消费者传播品牌。

（3）在资源利用方面，不能仅仅依靠企业的资源，应该以企业的资源为主体，整合各级渠道成员的资源，共同建设品牌。

（4）在品牌管理方面，要明确增值营销模式的品牌建设不仅是企业的事情，还需要各级渠道成员的共同参与。企业和渠道成员职责分工，以企业为主导，共同建设品牌。企业负责制订品牌管理规范，为各级渠道成员提供专业的指导和支持型服务，各级渠道成员严格遵守品牌管理规范，在一线为消费者提供良好的消费体验和售后服务。

■ 清晰的品牌定位

品牌定位的目的是为了让品牌在消费者心中占据一定的位置，决定消费者是否购买产品的要素不是我们的产品是什么，而是消费者认为我们的产品是什么。企业在品牌定位的过程中要将品牌定位与增值营销模式充分结合起来，根据消费者的需求特点和企业掌握的资源，选择有利于今后增值营销的价值选择和价值诉求，让品牌蕴含的价值在终端展示、代理商和销售人员、设计师和售后服务人员等各个环节得到有效传播。常用的价值定位方法主要有以下几种。

功能价值定位。这种定位方法就是将产品特有的功能或具有优势的功能无限放大，让自己的产品成为产品细分领域的领导者和代言人，形成差异。三棵树涂料的定位是环保健康，涂料中的有害物质比同类竞争品牌含量低，因此，它通过绿色健康广告成功地塑造了健康环保的品牌形象。同时，三棵树的 LOGO、产品包装和终端店面的主色调和员工的服装都采用绿色，加深了消费者对三棵树品牌价值的认知程度。

形象价值定位。将品牌与某种生活方式或形象联系起来，让人产生美好的联想。欧派橱柜利用蒋雯丽高贵典雅的形象和“有家、有爱、有欧派”的广告语让欧派橱柜与温馨生活联系起来。

服务价值定位。通过提供优质的服务，与竞争品牌形成有效区隔，实现品牌增值。建材产品的服务定位更能引起消费者共鸣，因为很多建材产品是半成品且比较复杂，消费者在选购过程和使用过程中都需要企业提供服务，态度热情、专业的代理商、销售人员和售后服务人员能提升品牌形象。华润漆通过在全国范围内实施华润师傅认证制度，让通过认证的油漆工为消费者提供优质、专业的售后服务，提升了华润品牌的形象和价值。

■ 品牌设计与规划

传统概念的品牌设计内容主要是设计一个简单醒目、容易让人记住并产生美好联想的LOGO、图案和标语，在增值营销的模式下，品牌设计是一项系统工程，包括企业理念识别系统、企业形象识别系统和企业行为识别系统三大系统。

企业理念识别系统是指提炼出一套能够反映企业价值观和精神的企业理念，这套企业理念不仅获得了企业内部员工的认可，还能让各级渠道成员认可企业的价值观，并自觉传递给消费者。消费者购买产品不再是单纯的交易，企业的品牌和产品获得了消费者的认可，从而增加了品牌承载的价值。

企业形象识别系统是指让企业外界人员通过视觉能够感受到企业文化的一套系统，包括品牌LOGO、产品包装、终端形象、员工着装等内容。该系统能够保证企业对外的口径和形象一致，除了让消费者感到专业外，通过颜色、图案和风格的组合还能传达品牌的其他内在价值，让消费者在与企业接触的各个环节感受品牌承载的价值。

企业行为识别系统是指建立一套规范的行为准则，这套准则不仅用于规范企业内部员工的行为，还用于规范代理商和导购员的行为。通过培训让消费者能接触到的所有工作人员有一套专业、热情及品牌赋予的其他价值内涵的服务模式，让消费者的购买过程转变成一次愉快的体验，提升品牌形象和企业形象，增加品牌承载的价值。

因此，品牌设计从表面上看是艺术创作过程，实际上是价值增值过程，通过让消费者认同企业的理念，享受企业提供的周到的服务，最终增加品牌承载的价值。

DONGSHENG

图3-1 东升地毯的LOGO

图3-1是东升地毯公司的LOGO设计图，作为亚洲最大的地毯生产企业之一，东升在设计品牌时将产品特性、时代潮流和企业理念充分融合在一起。东升地毯是高科技产品，不仅原材料技术含量高，生产设备也是世界上最先进的；东升地毯是绿色、健康、环保的产品；东升地毯拥有金牌品质，同时，东升地毯销售人员和售后服务人员会为消费者全程提供金牌服务。因此，东升不是简单地设计一个让人容易记住的LOGO，而是企业理念识别系统、企业形象识别系统和企业行为识别系统的综合体，充分体现了增值营销理念。

■ 有效的品牌传播

品牌传播是企业品牌建设的重要组成部分，是品牌与消费者之间互动沟通的桥梁。建材企业制订正确的品牌传播战略，不仅可以加深目标受众对品牌的认知程度，还能维持和强化目标受众对品牌的忠诚度。在品牌建设与推广的过程中，广告、公关、促销等手段已经不能满足企业品牌传播的需求了。建材产品的品牌传播要以增值营销模式为中心，传播对象不能仅限于最终消费者，还要向代理商等渠道成员传播信息，只有渠道成员理解了品牌价值，才能更好地传播品牌价值和实现品牌增值。传播方式要采用“三分高空、七分地面”的方式，降低品牌传播的重心，更多地利用终端包装、导购员、销售人员、代理商、设计师和售后服务人员的形象传播品牌，让消费者在接触企业的每个环节上都能实现增值。

（一）企业层面的品牌传播策略

1. 重视品牌的公关传播

品牌的公关传播主要有以下两种方式。

（1）**公益公关活动传播。**公益公关活动体现了企业的社会责任感，塑造了企业“关爱民生、回报社会”的公众形象。如赞助希望工程、资助残疾人事业、赞助体育赛事、物资支援灾区、送科技下乡等公益活动，让品牌更加人性化，拉近了与消费者之间的距离。

（2）**政治公关活动传播。**通过政治公关活动如邀请党、政领导人到企业视察，企业承办政府有关活动等，以此制造新闻引起社会公众关注，提升品牌的政治形象，提升品牌的权威形象和可信度。

三英洁具关爱女性，提升品牌价值

三英洁具从2005年提出“女性设计主张”以来，关爱女性成了三英洁具的品牌责任。2009年，三英洁具为了提升品牌形象，举办了“2009漂亮妈妈大赛”，并邀请佛山市妇联部长到会。此次漂亮妈妈大赛活动的内容、意义都与三英洁具的品牌责任相同，把关爱女性、营造和谐当成社会责任，与三英洁具品牌倡导的理念：激情、浪漫、想象力全面对接。三英洁具不断创新，根据不同的女性量身定做高品位的艺术卫浴产品，使广大女性在感受三英洁具文化的过程中提高自己的生活品位。

2. 不断创新企业文化的传播途径

企业文化是品牌文化的基础和源泉，企业文化传播的效率越高，品牌文化就越深远。

企业文化传播的途径几乎包含了企业所有的经营行为，贯穿于企业经营的全过程，广告、公关、促销都是传播企业文化的重要途径。企业要创新企业文化的传播途径，如近年来兴起的工业旅游就是有效的企业文化的传播途径。

除此之外，还有路演、会展宣传等途径。科勒在全国各大城市利用卡车开展巡回式路演活动，深入传播企业文化和品牌特性，塑造良好的品牌形象。会展期间，企业也要通过采用产品展示、专题讲座、厂商交流、媒体广告、文艺演出等方式对企业文化进行全方位的传播。

科勒的全国巡演计划

2009年2月20日下午，科勒全国巡展车从上海出发。这辆“装甲车”外身是巨幅的广告宣传画，车内是一件件经典的卫浴艺术品，自带音响和灯光设备。巡展车的展区分为五个相对独立的部分。

第一部分，展示科勒经典产品——歌莱独立式铸铁浴缸；

第二部分，展示“Ipanema集锦”系列产品；

第三部分，展示360度旋转式单把操控的玛戈尔系列龙头；

第四部分，展示一个新古典主义套间；

第五部分，展示一款精致的厨房龙头。

通过这五个部分展示，传播了科勒“营造优雅尊贵生活”的品牌理念。这辆车在10个月内，以上海为起点，跨越深圳、珠海、广州、长沙、武汉等30个大中型城市。

3. 企业形象包装

打造一支专业的销售—设计—安装服务团队，突显产品质量、设计师专业水平和技术含金量。

向有关建材装饰协会申请会员或展示获奖证书，表明企业有一定的社会地位和影响力。

打造一个优秀的、具有电子商务功能的、动态的网站平台。

4. 产品包装

制作产品品牌手册、产品目录、产品招商书，建设其他视觉识别系统，推广企业形象和产品特点宣传片。

（二）中间渠道的品牌传播策略

企业面对经销商的时候，要考虑不同渠道对品牌的提升价值。对中间渠道的支持不能直接提升品牌影响力，但是可以提升品牌在业内的知名度和美誉度，由于这些人在消费者眼里都是专家，他们可以间接加深消费者对品牌的认知程度。因此，品牌传播策略主要是企业提供支持，充分调动渠道各个环节的积极性，应从以下几个方面考虑。

1. 智力支持

经销商是为企业冲锋陷阵的前锋，对其进行培训、辅导，提高其作战能力是提升产品市场竞争力的重要方式。在同一品牌的经销商系统中，为经销商提供培训的企业的销售情况要比没有培训的企业好得多。经常举行各种业务会议，组织经销商开会交流，可以让经销商学习到最新的经营管理知识，促进其提升业绩。

2. 库存支持

建材产品的体积一般比较大，不是所有的经销商都拥有足够大的仓库，而且库存太多会增加风险，经销商即使有大仓库也不一定愿意让货物占满整个仓库。但库存不足通常会错过大商机。如果经销商因为库存原因影响了销量，那么，企业最好能在当地设立仓库，立邦涂料、亚细亚瓷砖就是通过设立中转仓库取得了竞争优势。

3. 让利支持

通常是对高业绩的经销商给予一定的折扣或按照经销商提货量的大小给予不同的折扣。让利支持分为现场折扣和年终返利，两种方式都可以提高销量。

4. 促销活动支持

由于建材行业地区差异较大，如消费习惯、购买使用的时间等，一般很少有统一的全国促销活动，通常由各地经销商组织，总部只是提供支持。

5. 竞争激励

定期举行评比活动，并给予优胜者物质奖励、精神奖励，这种评比活动一般与企业的营销年会一起举行。如汉堡地板就准备了50辆轿车奖励给优秀的经销商。这样做，一方面，可以提高经销商的积极性，对企业的忠诚度；另一方面，还可以促使终端遵守企业制订的市场规范。

鹰牌陶瓷经销商大会

——传达公司使命、价值和规划

鹰牌陶瓷经销商会议邀请了泸州、宜宾、邛崃、崇州、都江堰、乐山、达州等地经销商、装饰公司老板及部分特邀嘉宾。会议首先由“成都鹰陶建材有限公司”总经理谢重桂发言。他认为：建材行业发展到今天已经趋于规范化。企业产品的竞争不再是质量、价格等低层次的竞争，而是品牌、服务及产品附加值等多角度的竞争。“鹰牌”的发展壮大离不开质量、品牌、服务，更离不开各地经销商的团结、协作。他要求各联盟合作伙伴在以后的经营中，始终贯彻以消费者为中心的价值营销模式，提高服务意识，以让消费者理性消费、明白消费为营销宗旨。

6. 针对中介的促销策略

中介（如装饰设计公司、设计师等）的作用越来越重要，有时候他们的意见将直接决定或左右消费者的购买决策。企业可以根据中介人员促成的产品销量给予一定的奖励或者业务提成，经常组织设计师参加培训、联谊活动，组织设计师到企业参观，举办设计大赛，开办设计师论坛等。

雷士照明与设计师紧密合作

雷士照明在成立伊始就非常注重与设计师的沟通，将设计师资源管理上升到日常管理的高度，并持续投入成本进行维护与巩固。对装修公司和设计院进行跟踪和拜访，加强与专业设计人员的联系；定期邀请装修公司及设计院的专业人士参观企业，加深他们对雷士照明及产品的认知程度，并对设计公司及设计院的活动提供赞助。除此之外，雷士照明还定期举办多种形式的设计师交流活动，加深雷士照明与设计师的感情、提高设计师对雷士品牌的认可度；举办照明设计大赛、设计师交流会、设计师论坛等，为设计师搭建施展才华的舞台，进而深化设计师与雷士照明的关系。

（三）终端的品牌传播策略

终端是销售渠道的最后一个环节，终端品牌传播更有针对性，实现了与消费者的面对面沟通，更加直观、生动地将品牌信息传播给消费者，从而使消费者对品牌留下深刻的印象。企业可根据销量及影响力等因素将终端分类，分别设立形象专卖店、店中店，给予不同的资源支持政策，在同一品牌形象、销售人员及着装形象、销售术语、展架、POP、吊旗、立牌、价格标签、路牌、灯箱等进行终端生动化建设。

一方面，企业要投放创意更加独特、形式更加多样的 POP 广告，如 X 展架、工艺品、卡通人等。POP 广告要生动，要突出文化内涵，制作要精美。另一方面，企业要加强 POP 广告管理，要及时处理缺少和损坏的 POP 广告，加强日常 POP 广告投放情况的检查力度，并列入对营销人员的考核体系。

POP 广告分为以下几种。

店头 POP 广告：置于店头的 POP 广告，如看板、站立广告牌、实物大样本等。

天花板垂吊 POP 广告：如广告旗帜、吊牌广告等。

地面 POP 广告：从店头到店内的地面放置的 POP 广告，具有商品展示与销售功能。

壁面 POP 广告：如海报、告示牌、装饰等。

陈列架 POP 广告：附在商品陈列架上的小 POP，如展示卡、弹片等。

店面促销很有吸引力，某个单品的促销力度，往往会让消费者临时改变购买决定。在消费者购买产品之前，就要告诉他这里能买到他想要的所有产品。卖场 POP 可以告诉消费者产品活动的消息，诉求新产品的性能、价格，唤起消费者的潜在购买欲，同时也能调动经销商的销售积极性。

欧普照明打造专卖店形象展示平台

欧普照明从 2004 年开始打破以往区域代理商各自建立分销网络的营销模式，全面建设自有品牌专卖店，建立从省级城市的专业市场到地级市场乃至县级市场的分销网络。到目前为止，欧普照明在全国拥有 3 万多家销售网点、600 余家品牌专卖店。欧普照明推行以专卖店体系为核心的卖场营销策略，欧普照明相信从传统的价格竞争和产品竞争升级为品牌和服务的全面导入，才能使企业更有竞争力和生命力。

卖场营销是欧普照明应对市场竞争的有力举措。照明行业权威专家认为卖场形象对于一个企业的营销平台来说，是与市场、消费者沟通的有效手段，卖场形象的好坏直接影响品牌在消费者心中的分量。这意味着良好的卖场形象是打造营销平台的必备条件。2004 年，欧普照明针对自身的发展战略特邀致诚力嘉（中国）卖场管理机构为家居照明的卖场形象做全面的规划、整改，充分表现出欧普照明重视卖场营销。欧普照明相信树立优秀的卖场形象无疑是一个增强代理商与经销商信心的举措，更重要的是提升了品牌的知名度与信誉度，提高了消费者对品牌的认可度。

(四) 面向消费者的品牌传播策略

面向消费者的品牌传播策略有以下几种。

（1）有效利用媒体软广告。新闻报道、电视专题、报纸、杂志软文等媒体软广告由于商业广告味不浓，可信度高，易被消费者接受，而且还能让消费者了解企业、企业家、产品、服务等信息，往往会取得商业广告不能取得的效果，成本比商业广告低很多。

（2）推进相应的软文写作和企业新闻宣传建设工作。

（3）小区推广。与家装公司合作，在刚开盘的小区建立产品样板示范户，同时，在小区举办产品推广展示活动。

（4）免费运输、安装。为消费者提供免费运输、安装服务可以提高品牌的美誉度，随着现代人生活节奏的加快，消费者越来越依赖这种服务了。

（5）消费者体验。通过加强消费者对产品的感性认识提高销量。俗话说："耳听为虚，眼见为实。"让消费者亲自体验会让许多心存疑虑的消费者最终决定购买产品。如宏耐地板在重庆马家岩建材城广场举行的"国际超实木地板节"上，铺在临江建材城门前的宏耐地板，经受3天雨水浸泡后，又接受重达10吨重的大卡车的反复碾压考验，地板没有任何磨损的痕迹。这让消费者见证了宏耐地板的耐磨、抗压、抗污、耐温度变化和吸水厚度膨胀率等性能。活动之后，宏耐地板销量大幅度攀升。

（6）售后服务保障。建材产品需要长期保养，质量再好的产品也需要专业保养才能延长寿命，消费者如果能得到经销商的售后保养服务承诺，购买意愿就会大大增强。消费者在购买产品并使用后，产品往往会多一点或少一点，为顾客提供补（退）货服务可形成口碑效应，提高产品美誉度。

（7）样板展示。展示当地用户样板工程，提供电话、姓名，通过样板对消费者进行潜移默化的消费引导。

（8）一体化顾问式服务。联合家装公司，通过设计、销售、装修、回访等为消费者提供一体化服务，收集各种家居装饰效果及设计方案，做用户的设计师和参谋。

体验式专卖店是高端水槽的唯一选择

高端水槽目标消费群体主要是收入较高、懂得享受生活的富裕人群，他们对价格不敏感，比较关注品牌或产品的功能、新奇款式，以及商家的售后服务和买卖信誉。凭当时的消费心情和对产品的感官、喜好做出思维判断，大多数消费者的购买行为与其最初的购买想法往往有所出入。因而，专卖店的店内氛围、品牌宣传和产品的个性化陈列会向消费者传递高档品牌价值，这正是体验式终端的价值所在。

高端水槽在展厅的摆放陈列并不是静态的，而是要为高端产品营造一个充分体现其价值和形象的场所，让消费者与店内环境、产品展示和店员有效衔接，使消费者接受品牌的内涵和精神，最终由好奇、喜欢转变为购买。据了解，终端体验式营销的交易成功率高达 80% 以上，所以体验式专卖店的优势是其他普通终端不能比拟的。

第 3 节　如何构建品牌管理体系

增值营销模式要求产品从企业到消费者手中的每个环节都要实现品牌增值，而企业不可能安排人员管理所有环节，因此，增值营销模式下的品牌管理不仅仅是企业的任务和责任，而是以企业为主导，分销商、渠道终端、设计师和其他相关利益主体的全体参与的品牌管理体系。

总体来说，就是企业负责制订品牌日常管理规范和制度，安排专门的品牌管理人员和部门对品牌管理事务进行监督和协调，对各渠道成员进行品牌管理培训，为渠道管理成员提供服务支持等工作。核心分销商根据当地的市场特点和竞争状况对品牌进行宣传、形象维护和终端管理，终端商负责在企业的要求下完成店面装修、门店的日常管理和对导购员的培训和管理等工作。

■ 制订品牌管理规范

品牌管理规范即品牌宪法，不仅详细规定了企业内部人员使用和推广企业品牌时需要遵循的原则和制度，还规定了分销商和终端在参与企业品牌管理时需要遵循的法则。对企业来说，不仅要严格管理企业形象识别系统，如品牌宪法严格规定了广告、产品包装、终端包装、公共关系，企业文化用品等使用场合、颜色搭配、尺寸大小、与设计物的协调度等内容，还对企业理念识别系统和企业行为识别系统所涉及的销售和服务规范、产品介绍用词、语气和精神面貌等做了详细的规定。其他渠道成员根据市场状况，在品牌管理规范的指导下落实企业品牌管理制度，从而保证品牌无论是对内还是对外都始终保持统一的形象，让消费者在购物过程中始终感受到品牌价值。

■ 职能发育与部门建设

目前，绝大多数企业都没有品牌管理的意识，即便是有适当的品牌管理，方式也是五花八门的，有的是市场部管理，有的是总经办管理，很少设置专门的品牌管理部门。品牌使用混乱：总经办管理新闻和网站、销售部负责终端店面包装、市场部负责广告和促销品的设计、采购部负责包装等，各部门形成张力而非合力，不仅不能使品牌增值、保值，还使现有的品牌影响力大打折扣。

增值营销下的品牌管理需要企业设立专门的品牌管理部门，负责品牌的发展规划、投入预算管理、制订日常管理规范、对渠道成员进行品牌管理培训和监督、协调企业内外部品牌管理的冲突和品牌危机管理等事务。当地经销商和终端也要派专人与企业品牌管理部门人员对接，从而建立起一支以企业为主体，包含分销商和终端商的专职品牌管理队伍，确保品牌在增值营销模式下实现增值。

■ 品牌危机管理

任何一个品牌都会遇到危机，危机产生的原因有很多，可能是来自经营方面的危机，可能是来自形象方面的危机，也可能是来自服务方面的危机。危机具有突发性、破坏性、持久性等特点，如果处理不当，会使品牌受到伤害，甚至有可能让品牌“死掉”。因此，企业要建立危机预警机制和危机发生时的反应机制，以免给企业带来损失。

危机预警机制。建立一支包括高层在内的品牌危机管理小组，建立灵敏、准确的危机监测系统，制订和审核品牌危机处理方案，处理品牌危机险情，一旦出现品牌危机及时予以遏制，减少危机对品牌乃至整个企业的危害。由于经销商和终端商长期处于市场一线，他们有可能在第一时间发现品牌危机，因此，危机预警机制和检测系统要充分发挥经销商和终端商的作用，确保信息反馈渠道畅通。

危机处理 6F 原则如下。

Forecast（事先预测）原则：通过对市场环境的分析调查，敏锐地捕捉信息，事先预测企业的运营状况是否良好，有没有出现品牌危机的迹象。

Fast（迅速反应）原则：危机一旦来临，就要迅速采取行动，有效地解决危机。

Fact（尊重事实）原则：就是以事件发生的客观事实为依据，采取客观、务实、公正的态度解决危机。

Face（承担责任）原则：即面对危机，企业要真诚、坦然地面对消费者，勇于承担责任。

Frank（坦诚沟通）原则：危机爆发已经是事实了，最有效的方法就是采取坦诚、负责任的态度与公众沟通，化解危机。

Flexible（灵活变通）原则：根据事态的发展情况灵活把握处理危机的时机和方法。

第 4 节　建材品牌创新与提升

建材市场已经发生了翻天覆地的变化，主要体现在以下三个方面。

（1）目标消费群体的变化

80 后已经到了结婚生子的年龄，他们逐渐成为建材市场的需求主体。作为真正意义上的独生子女一代，80 后有许多特点，我们必须了解这些特点，才能与 80 后实现互动营销。

第一，与父辈出生于信息闭塞的年代不同，80后出生于信息爆炸时代，电视、广播和互联网带给他们各种各样的信息，他们的见识更广、判断能力更高。

第二，80后追求个性。

第三，大多数80后从小生活富裕。

第四，80后更注重精神层面的消费。

第五，80后的消费感性胜于理性，他们选择产品的标准不是好与不好，而是喜欢与不喜欢。

（2）**市场区域的变化**

随着生活水平的提高，农村市场对建材产品的需求越来越强烈，涂料、地板、瓷砖等建材产品很大一部分面向农村市场，而且随着新农村建设战略的逐渐完善，农民作为新兴的消费群体开始受到企业的关注。

（3）**文化环境的变化**

产品主流消费群体的文化水平逐渐提高，消费者对新事物的接受能力大大提高，旧产品和旧观念的淘汰速度越来越快。

企业要想不被时代淘汰，就必须创新品牌，包括品牌内涵的创新、传播形式和手段的创新、管理手段的创新等。

■ 品牌内涵年轻化

品牌必须永远保持年轻。目前市场上的百年品牌和百年老店都在不同的时代赋予品牌不同的内涵和价值，使其永远跟上甚至引领时代的潮流。那些价值观和形象一成不变的品牌注定要被淘汰，从20世纪50年代1万多家老字号到现在剩下不到1千家老字号就是最好的证明。

宜家在中国的生意这么火，不是它的家具价格便宜，很多人反映宜家的家具比一般商场的家具贵一些，但是宜家家具简洁、时尚和新颖的设计却是国内家具企业做不到的。

因此，企业在树立品牌或重塑品牌时一定要突出年轻的形象，将自己的品牌定位于比目标人群小 10 ~ 15 岁的年轻群体，LOGO 设计、宣传口号、产品设计、店面装修和广告等一系列的品牌营销手段都要时尚、新颖、年轻化。

■ 品牌传播娱乐化

如今是信息爆炸的时代，消费者每天都能接触很多信息。一方面，可以扩大自己的信息半径；另一方面，可以将各种信息进行比较、分析，得出自己的结论，因而消费者不会轻易相信企业的说辞。另外，信息之间相互干扰也会大大降低信息传播的有效性。这表明传统的、短时间内说教式的传播方式很难取得理想的效果，要让消费者认识品牌，就要让消费者有足够的兴趣参与品牌的传播活动。

娱乐化传播方式就是将品牌传播与某种娱乐方式紧密结合起来，让消费者在娱乐消遣过程中无意识地接受品牌宣传的内容和价值。娱乐传播主要有以下两种形式。

一种形式是在别人创造的娱乐载体中植入自己的品牌。比如，在电影中植入摩托罗拉、奥迪和可口可乐等品牌的广告。

2008 年，城市白领之间流行一款小游戏——开心农场，上班族甚至到了疯狂的状态，很多人半夜起来就是为了收割自己种的菜或偷别人的菜。中粮集团抓住机会，将自己的果汁品牌——“悦活”在游戏中传播，取得了非常好的效果。

另一种形式是商家自己举办与品牌价值相关的娱乐活动。比如，OPPO 举办的“OPPO 篮球狂欢派——3 对 3 高校篮球挑战赛”。大多数企业采用传统的、说教式的传播方式，只在央视等大众媒体“露个脸”，其实，企业有很多娱乐传播的机会，利用环保、节能、健康、自然等主题都可以举办一场娱乐传播活动，取得事半功倍的效果。

■ 品牌软价值化

品牌传达的价值通常分为以下两类。

一类是理性价值，是基于产品本身的属性所具有的价值，如耐克鞋强调舒适、耐磨和轻便等特性；另一类是感性价值，即所谓的软价值或精神价值，如耐克的宣传口号“Just do it”，它表达的激情、炫酷让年轻消费者疯狂不已。

企业在重塑品牌时需要更多地强调软价值，淡化品牌的理性价值。这是因为建材产品的主流消费群体是80后，他们在选择产品时更多的是感性消费而非理性消费。通过理性价值取得的差异化优势有限，消费者愿意为此付出的额外成本很小，而且很容易被竞争对手模仿。比如，谁都可以宣传自己的产品有结实、耐用、环保、健康等特点，也很容易让消费者接受，但是如果为建材品牌附加成功、品位、优雅等软价值，就能实现差异化，而且消费者愿意为此付出额外成本。

■ 品牌价值体验化

品牌价值体验化就是使消费者在购买建材产品的过程中体验品牌承载的价值的同时，实现品牌增值。消费者更相信自己的眼睛和采购过程中的切身体会，广告再好，把消费者吸引到卖场以后没有带给消费者良好的体验，消费者最终也会放弃购买产品。即便是消费者当时购买了产品，但企业的售后服务没有做好，消费者感觉上当后也会极力反对亲朋好友再次购买这个品牌的产品。

展示、推介、施工和售后服务不仅能很好地传达品牌的价值，还是品牌的增值过程。消费者在这个过程中的感受和体验直接决定了他们愿意为此付出的成本。

第一，品牌价值体验化要求品牌有良好的形象，包括店面的装修风格、产品陈列要与品牌形象和所要表达的价值一致。

第二，要求销售人员和终端老板在产品推介过程中有良好的精神面貌，体现出专业水平，并能及时了解消费者的需求，打消消费者的疑虑。

第三，建材产品需要良好的售后服务。因为消费者购买的建材产品都是半成品，最终效果的好坏很大程度上取决于施工质量，而且良好的售后服务还可以增加品牌价值。例如，华润漆提供免费喷涂服务，说是免费，其实是把费用加到油漆产品里。

■ 品牌管理现代化

建材行业激烈的竞争对企业的管理效率提出了很高的要求，尤其是增值营销模式要求实现厂商一体化，企业、分销商、设计师和终端商要实现联动，渠道价值链所有成员都负有管理品牌的责任，传统的、手工式的管理和信息流通机制很难满足现代化企业运作的要求。因此，必须用 ERP、OA 等系统梳理传统的品牌管理和业务流程，及时获得和处理来自一线销售人员、分销商、售后服务人员的信息，提高信息流通和品牌管理的效率，提高企业对消费者需求的反应速度。

■ 传播途径嫁接新媒体

随着科学技术的发展和互联网的普及，各种新的媒体传播形式不断涌现，如互联网广告、视频广告、手机广告等。同时，以 80 后为主的消费群体对新兴媒体的兴趣远高于传统媒体，浏览网络新闻、玩网络游戏、网上交友和沟通、用手机上网等是他们收集信息的主要渠道。因此，企业在传播品牌时不能仅限于电视、报纸、公交车、建材城广告牌等传统形式，还要充分利用新兴媒体传播品牌。

第 4 章　构建区域运营平台

传统建材企业多采用区域代理商、分销商、零售商的二级或三级渠道模式，企业在加强对区域市场有效管控的同时，也应提升渠道运营效率，实现区域市场的精耕细作。今天，在高度同质化竞争背景下，以厂商价值一体化为原则，以区域代理商为基础，构建优质的区域运营平台对取得竞争优势尤为重要。

区域代理商是企业在区域市场中的操盘手，既是企业重要的合作伙伴，又是各地区分销商的支持者。因此，区域代理商要准确定位自身的职责，在企业—区域代理商—分销商这条营销价值链中充分发挥自己的作用，共同提升产品在区域市场的影响力。

面对日益激烈的市场竞争环境、同质化的竞争手段，区域代理商面临诸多困惑。如何尽快完成公司化、组织化的变革？如何突破旧的管理模式？如何推进制度的完善和流程的规范工作？如何加强内部日常管理，从而实现由结构效率带动运营效率的提升？这些是很多区域代理商迫切需要思考和解决的问题。

第1节　区域代理商面临的困境

随着业务量增大、销售额增多，很多区域代理商感到力不从心，在由“个体户”式经营向公司化经营转变的过程中遇到很多问题。

■ 经营理念落后

很多区域代理商“小富即安”的思想严重，缺乏现代商业竞争意识，经营手段还是传统的“看天吃饭、坐店销售”，相互模仿竞争手段，不是通过增值服务不断深化与消费者的关系，而是热衷于利用低价抢客、相互诋毁的手段竞争。

■ 组织职能不健全

很多区域代理商有依靠企业的思想，自身缺乏资源配置、市场策划、终端管理、品牌推广等职能，区域代理商要实现管理转型和职能发育，必须健全组织职能、明确核心岗位职责。

■ 管理方式落后

刚开始创业时，一些区域代理商多以“夫妻店”“父子兵”为主，主要是送货、回款工作，谈不上对市场的开发与管理。随着生意的扩大和竞争的加剧，区域代理商力不从心了，人心涣散、账务混乱、产品过期等问题层出不穷，拜访不及时、窜货问题时有发生。

■ 渠道成员不忠诚

很多区域代理商发现原来跟着自己打天下的二批商、终端商越来越难伺候了，今天有促销就推销你的产品，明天产品利润低了就推销别人的产品，渠道成员忠诚度越来越低，这让很多区域代理商很无奈。

■ 内部管理混乱

大多数区域代理商还停留在粗放经营阶段，如管理的随意性很强、公司没有相关的流程和制度、进销存管理水平低、市场秩序混乱、没有建立培训体系、运营效率低下、经营成本高，严重制约公司发展。

■ 员工队伍的综合能力差

随着流通渠道网络的扩张和各种新渠道形式的开发，员工队伍的综合能力不能支撑业务的进一步发展。区域代理商没有构建高效的员工队伍，公司发展缓慢。

第 2 节　区域代理商的职能定位

区域代理商如何既能保持与企业的紧密、稳定的合作关系，又能有效掌控和协同终端网络，实现自身的转型和升级，以适应快速发展的市场竞争环境呢？在新的市场竞争环境下，区域代理商应该具备或发育的职能有哪些？

■ 业务执行职能

（一）区域市场的开发与维护

区域代理商需要在区域市场建设市场渠道、构建分销网络，满足产品在区域市场的覆盖要求，打造涵盖各类渠道的立体化渠道模式，并维护所有的分销网点，帮助其提升销量。

（二）区域市场的规划与执行

省级代理商在区域市场必须完成对市场的短期规划和中长期规划工作，内容包括确定市场规划操盘思路、目标体系、策略体系、推进体系、组织建设体系及费用预算体系等，并按照规划的内容分阶段推进执行。

■ 策划推广职能

（一）市场方案的制订与实施

为了实现销售目标，区域代理商需要制订一系列的市场推广方案，不断搅动市场，以达到提升区域市场销量的目的。

（二）区域市场内的品牌传播和推广

区域代理商在其区域市场内，必须传播和推广自己的品牌，在核心区域市场内建立形象店，进行产品的生动化陈列展示。区域代理商通过采用一系列的促销手段，完成在核心区域市场内的销售任务；通过利用各种媒介，提高代理品牌和自身品牌在区域市场内的知名度。

区域代理商是区域市场的利益主体、操作主体和维护主体。他们负责区域市场内的具体销售活动，完成销售任务并获取相应的利润，负责区域市场活动的策划、品牌展示和市场推广工作。同时，他们也是区域市场内的规划和运营主体，为区域市场内的分销商提供促销活动策划、售后服务、人员培训、物流运输等一系列支持，与企业一起打造增值性营销价值链。

■ 服务支持职能

强化增值性服务职能。传统的分销模式局限于产品销售，分销企业在上、下游的夹缝中，必须通过采用技术支持、物流保证、设计等增值服务手段，由产品营销转向服务营销、方案营销才能争取到上、下游的资源，建立牢固的关系。区域代理商的增值服务主要体现在为生产企业提供渠道管理、市场客户管理、物流运输等支持，为下游经销商做培训，提供资金、技术方案。

■ 信息服务职能

区域代理商必须搜集市场信息，包括分销商档案、竞品动态、市场环境变化、消费者动态等信息，定期整理这些信息并向企业反馈。

■ 财务服务职能

作为连接企业与分销商的中间环节，区域代理商的内部基础职能中的财务职能非常重要。一方面要与上游企业对接，保证资金流的稳定与顺畅；另一方面要与下游的分销商或零售商对接，保证货款的回收与安全。

■ 物流服务职能

区域代理商是企业产品在当地向终端和消费者辐射的中转站，区域代理商应拥有存货和配送车辆、人员，以便产品能够顺利地流通到终端和消费者手中。

第3节　区域代理商的组织体系建设

为了实现上述职能，区域代理商必须建设组织体系，打造有效的区域管理平台。区域代理商根据自身不同的发展阶段，逐步建设组织体系、完善组织结构，有助于区域代理商提高运营效率，也体现了区域代理商的管理水平。

■ 组织结构设置

很多区域代理商在与企业合作的过程中迷失了方向，依然按照卖方市场的角色建立组织结构，只设立销售部和财务部。销售部功能单一，还停留在推销产品的认知阶段上。基于新的市场定位与职能，企业必须要有相应的组织结构满足新的职能需要，从市场需求出发、以市场为导向重建组织结构，如增设市场部门、信息服务部门等，以服务产品、服务品牌的形式开展营销活动。下面的案例描述了区域代理商组织结构的设置及核心业务流程的制订细节。

湖北某个经营瓷砖的区域代理商，他的公司近 5 年来发展迅速，从建材市场上的小批发店发展成一家初具规模的中型经销公司，拥有员工 200 余人，年销售额约 1.2 亿元。公司从 2005 年开始进行公司化改革，引进了一批职业经理人，逐步完善了公司的组织结构，完成转型。

转型前的公司内部组织结构如图 4－1 所示。

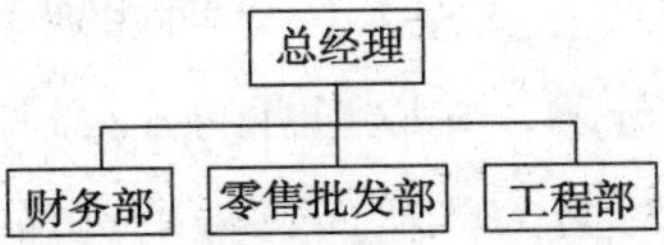

图 4－1　转型前的公司内部组织结构

转型后的公司内部组织结构如图 4－2 所示。

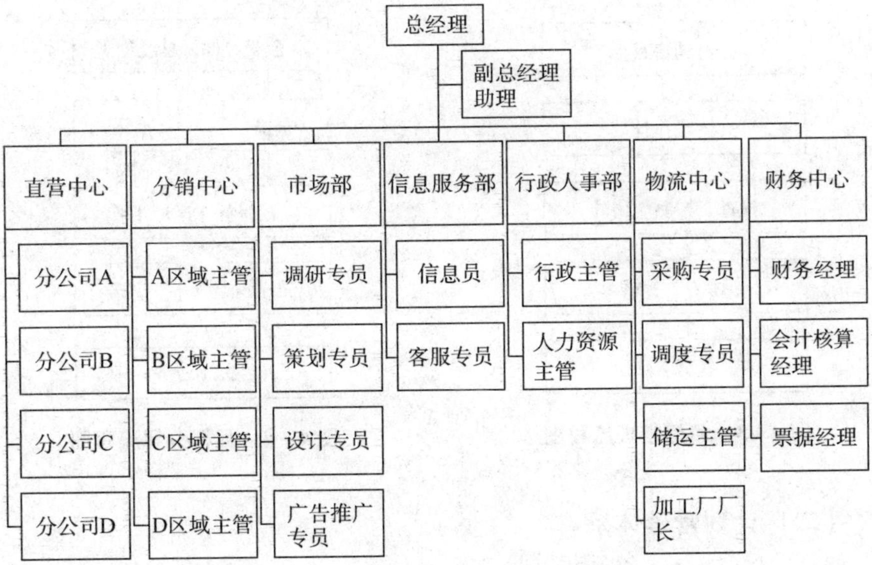

图 4－2　转型后的公司内部组织结构

该组织结构体现了以销售市场为导向的营销型企业的特征，以市场部、直营中心和分销中心为主导，各职能部门相互配合，共同完成销售任务，有效地支撑了新形势下区域代理商各项职能的实施。

■ 基础管理体系建设

（一）目标管理体系

在保证实现总目标的前提下层层分解目标，并在分解过程中充分沟通、达成共识。分解各个业务员的工作计划目标，销售计划、回款计划、终端拜访计划、网点开发和人员培训计划等指标为当月的考核指标。将企业总目标层层分解，并以当月的分解目标作为考核指标，可以指引营销人员为完成目标努力，从而将每个营销人员的目标与企业的目标统一起来，如图 4－3、图 4－4 所示。

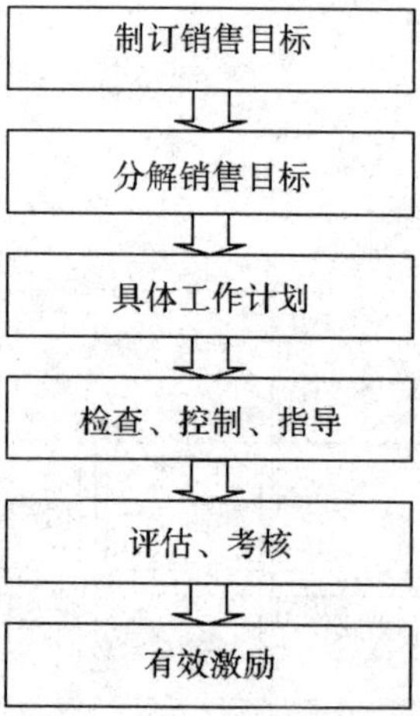

图 4－3　目标管理流程图

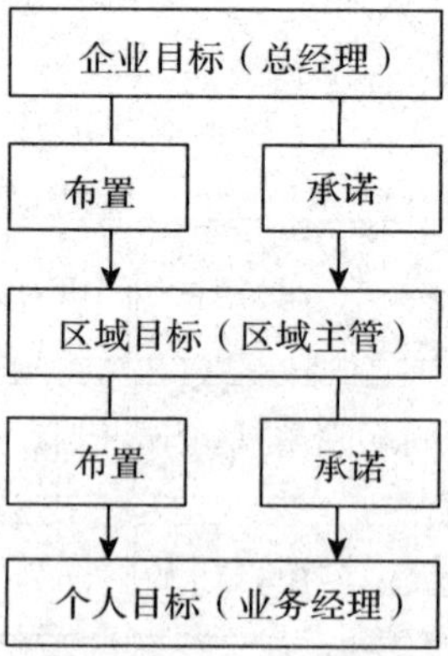

图 4－4　目标分解流程图

（二）计划管理体系

各部门的工作计划分为全年计划、季度计划和月度计划三类。

全年计划：每年年初，各部门根据企业下达的年度目标，制订本部门的年度目标与计划，经直接上级批准后组织实施。在制订工作计划时，将工作目标分解到季度计划中。

季度计划：每季度初，各部门负责人（经理级）的直接上级根据该部门年度计划和季度目标，提出该部门本季度的工作重点和目标，各部门负责人（经理级）制订本部门的季度工作计划，经上级批准后组织实施。在制订工作计划时，将工作目标分解到月度计划中。

计划沟通与确定：上级应对下级的当期工作目标给予指导，并对工作结果提出要求。

下级根据上级的指导制订本部门的计划，在规定的日期前提交给上级。在定稿日之前，上级应确认下级的计划，上级对下级的工作目标与计划有最终决定权。在制订计划的过程中，上、下级间有必要对完成计划的难点就有关实施策略和方法进行讨论，最终确定计划的完成时间、质量、检验方式。确定计划后，直接上级和员工各执一份工作计划表并在主管部门备份，作为本季度或全年的工作指导。

对接整体经营目标时，应注意分解职能性目标：按专业分解给各职能部门。

各岗位对接部门目标，应注意与一线部门和后勤部门的衔接。

（三）绩效考核管理体系

1. 职能部门员工绩效考核

为了督促部门经理持续提高本部门的绩效水平，同时体现整个部门的协作精神，提高团队整体运作能力，因此，将职能部门员工及直营店员工的绩效考核分值与本部门、本直营店绩效考核分值联系在一起。

行政人事部负责绩效考核工作的管理、组织和监督，行政人事部是各岗位考核普通投诉的受理部门和考核流程执行过程的监督部门。

绩效考核指标量表如表4－1所示，绩效考核数据需求表如表4－2所示。

表 4－1　绩效考核指标量表

绩效考核指标量表						
被考核人		岗位			考核人	
考核时段		批准人			行政人事部	
主要考核内容		分值	计划目标	实际完成	考核评分	备注
关键业绩指标	指标 1					
	指标 2					
	……					
关键管理活动						
合计	——	100				
批准人意见						
绩效改进意见	（月度、季度或年度考核填写）					

填表人：　　　　　　　　　　　　　　　　时间：

表 4－2　绩效考核数据需求表

考核所需的基础数据	提供周期	提供时间	提供者	收集者
各直营店销售额 各分销部销售额	季度	每季度最后一个月的 29 日	财务部	
	年度	年度 1 月 31 日前		
费用表	季度、年度	每季度最后一个月的 29 日或年度 1 月 31 日前		
广告费用	季度、年度			
物流费用	季度、年度			

2. 业务员绩效考核

区域代理商要根据区域市场的特点和业务员所在区域市场的实际情况，

对业务员的月度考核在考核细则上有所侧重。比如，在市场开发期，企业应侧重于网络开发环节的考核；在市场巩固期，销量和网络质量考核并重；在市场提升期，应侧重于考核销量的完成率。只有对不同的区域市场和市场的不同时期给予不同的考核重点，才能有效地指引业务员把握工作重心，提高业务员的工作积极性。业务员绩效考核表如表4－3所示。

表4－3　业务员绩效考核表

考核指标	分值	考核内容	考核方式	考核得分
任务完成率	60分	本人负责的区域市场的月度销量计划的完成情况	60×（区域市场月度计划实际完成量/区域市场月度计划）	
终端网络开发与管理	20分	执行企业的价格政策，维护客户关系，开发空白市场，按终端巡访规定的内容对终端进行维护和管理	每发现一次未执行规定的价格政策扣5分，在抽查中发现未有效维护终端一次扣5分，每开发一个有效网点加5分	
终端形象管理	10分	按照规定装修，门头、灯箱、卖场陈列等符合企业规定的标准	本项实行倒扣分制，扣完为止，不按企业要求装修扣5分，发现店面、陈列展示用品有污点或破损等问题不及时更换扣3分	
信息管理	5分	及时、准确地向企业反馈信息，提出合理的建议	未及时反馈信息每次扣2分，建议被采纳一次加2分，最高加10分	
客户服务管理	5分	及时处理配送及售后等问题	每投诉一次扣2分	
合计	100分	——	——	

（四）薪酬激励管理体系

1. 薪酬模式和结构的动态设计

不同市场的开发情况不同，对业务员的考核应该有所侧重，如表

4－4所示。

表4－4　不同时期的区域市场的薪酬考核侧重表

市场状况	市场提升期	市场巩固期	市场开发期
业绩目标	销售回款	市场份额增长率	网点开发数量

在区域代理商产品竞争力高、市场份额大的利基市场，对业务员的考核应侧重于销售回款和利润率。

在竞争性市场和发展性市场，对业务员的考核侧重于销量增长情况、网点建设及客户维护情况。

在空白市场或份额很低的开发性市场，对业务员的考核应侧重于网点开发计划完成率等。

KPI指标考核可参照表4－5（根据不同市场的情况，灵活变动各指标分值）。

表4－5　KPI考核表

KPI考核表						
被考核人：		岗位：营销代表		考核人：营销经理		
考核时段：		批准人：		行政人事部：		
主要考核内容		分值	计划目标	实际完成	考核评分	备注
关键业绩指标	1. 销售目标完成率	50				有加分
	2. 费用控制率	5				有加分
		分值	自我评价	上级评价	实际得分	备注
关键管理活动	3. 终端网络开发与管理	5				
	4. 终端形象管理	20				
	5. 信息管理	10				
	6. 客户服务管理	10				
合计	——	100		——		
批准人意见						

2. 在不同的发展阶段，业务员的薪酬考核特点不同

不同的发展阶段的薪酬考核特点如表 4 –6 所示。

表 4 –6　不同的发展阶段的薪酬考核特点

发展阶段	发展初期	发展中期	稳定成熟期
薪酬模式	低保障、高激励	保障与激励并重	高保障、低激励

发展初期，业务员的薪酬考核特点为低工资、高奖励，事前明确并完全与销量挂钩、上不封顶。

发展中期，业务员的薪酬考核特点为一定水平的工资、适度奖励，销量和重点考核项目各占一部分。

稳定成熟期，业务员的薪酬考核特点为工资相对较高，激励相对较低，并且福利完善，鼓励员工长期做贡献。

另外，实施综合激励制度，如员工的晋升制度、选派优秀员工学习深造制度和表彰个人，并传播学习事例、组织员工定期培训等。

■ 核心业务流程再造

(一) 零售流程

区域代理商未来必将经历业务调整和结构升级，在此过程中，流程再造是能迅速实施和有效的解决途径。流程再造的核心是通过分解价值链的各个环节并规范流程，规范区域代理商的业务流程，有助于提升业务效率、简化流程。同时，流程再造能明确区域代理商、经销商、各部门的权责，促进部门合作，确保各项业务的顺利开展，如表 4 –7 所示。

表 4－7　零售流程表

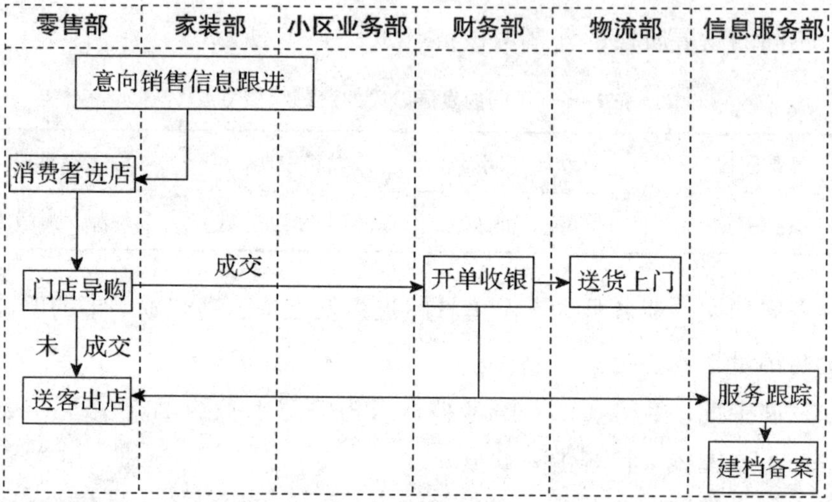

零售部接到订单后，由收银员负责开出三联送货单，传至物流部，物流部发货，客户签字确认后，将确认单传回财务部。

由财务部通知信息服务部交易完成，由信息服务部负责售后服务的跟进和协调工作。

（二）分销流程

分销流程如表 4－8 所示。

表 4－8　分销流程表

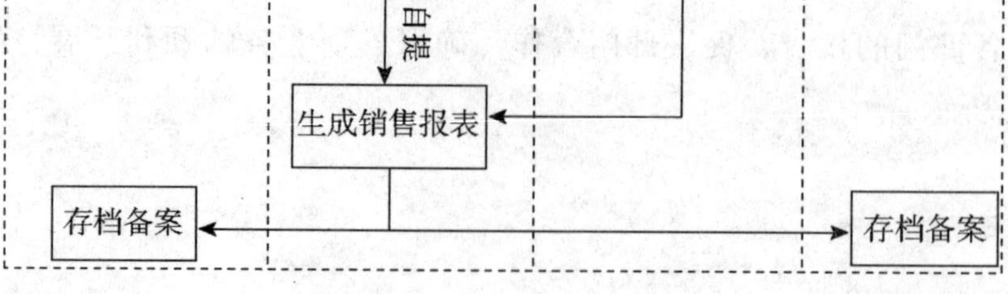

客户要货需求统一由分销部反馈给财务部，成交后由客户自提货物或由物流部配送，并生成销售报表，以供查阅。

工程批价由分销部根据权限范围逐级上报，在得到批复后传至财务部，按照批复价格收银开单。

紧急要货情况下，由分销部负责协调上报，在授权限范围内负责先调货后付款的工作。

（三）工程业务流程

工程业务流程如表 4－9 所示。

表 4－9　工程业务流程表

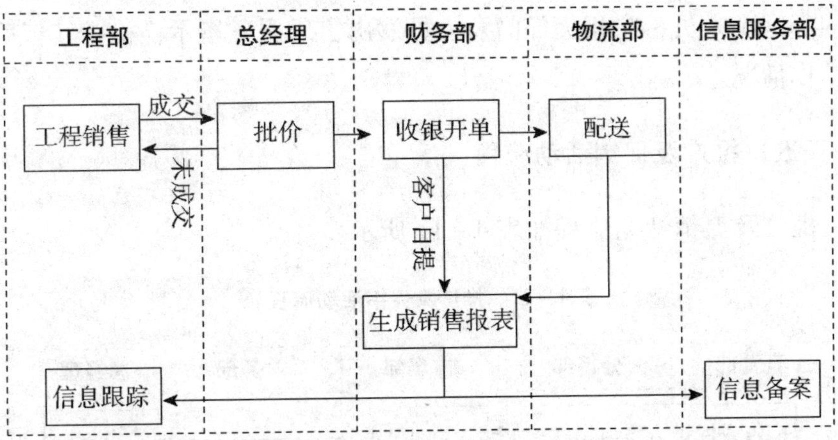

工程部将销售信息逐级上报批价，在权限范围内，确定价格、是否与客户成交。根据成交的协议由财务部负责收款并开出三联出库单，由物流部配送或客户自提货物。

销售完成后由财务生成销售报表并将信息传给工程部和信息服务部，进入售后跟进阶段。

外围分销地区由分销部代替工程部完成以上操作流程。

（四）售后服务流程

售后服务流程如表 4－10 所示。

表 4－10　售后服务流程表

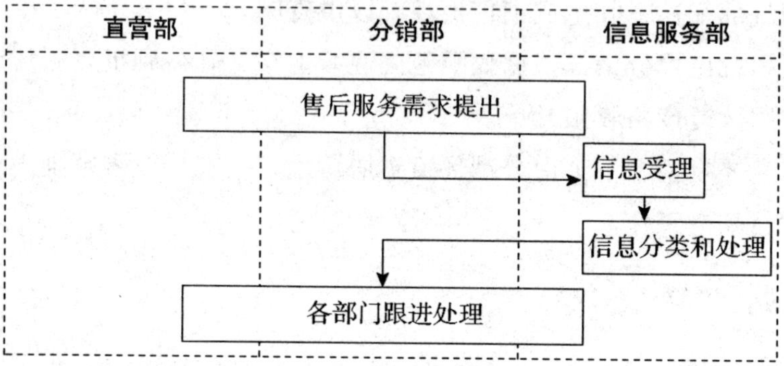

直营部及分销部将客户售后服务需求报备到信息服务部。

信息服务部对信息进行分类和处理，确定完成售后服务工作需要配合的部门及人员，向相关部门及人员发出售后服务指示，检查其售后服务工作情况。

（五）推广及促销活动流程

推广及促销活动流程如表 4－11 所示。

表 4－11　推广及促销活动流程表

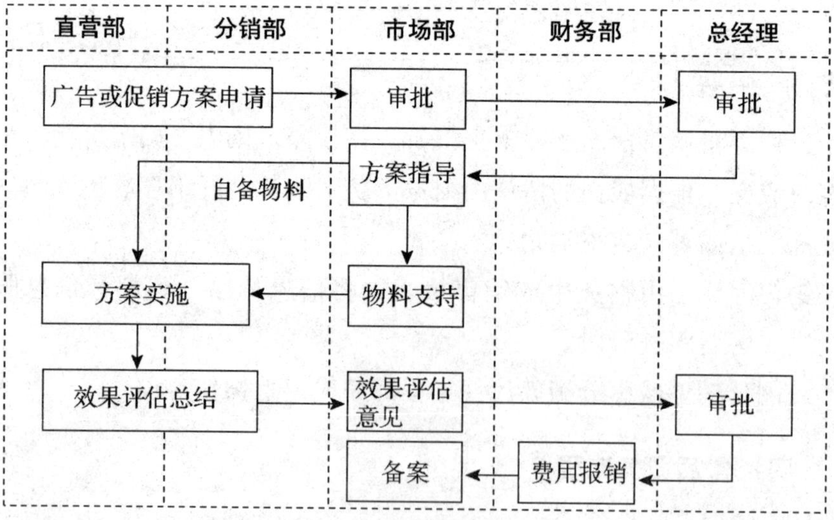

直营部及分销部将广告或促销活动方案传递给市场部，市场部审批

后报总经理审批通过。

市场部对方案给予指导和修改意见，并根据情况协助物料支持工作。

在完成广告或促销工作后，通过照片等形式形成报告传递至市场部，由市场部评估效果并附意见报总经理审批。

总经理审批通过后由财务部按照政策为其报销费用，市场部备案。

第 4 节　区域代理商的营销队伍建设与管理

营销队伍是促进企业成长、扩大市场份额和提高获利能力的关键因素之一。区域代理商必须注重营销队伍的培养与管理，打造一支高技能、高素质、有战斗力的队伍，更好地完成市场开发、管理、维护等各项工作。

■ 员工招聘

为了吸引优秀的人才，不少企业已经有了专职的招聘人员，负责企业的常年招聘工作。常年招聘只是形式，能否招到优秀的员工受很多因素的影响，招聘工作本身的质量也是一个重要因素。

（一）招聘流程

提交需求：各部门根据用人计划，由部门经理填写《招聘申请表》，报主管经理、总经理批准后交给人力资源部，由人力资源部统一招聘。

招聘渠道主要有三个：参加人才交流会，人才交流中心介绍，刊登报纸、网络广告。

面试：人力资源主管将应聘人员资料进行整理、分类，定期交给各主管经理。主管经理根据资料对应聘人员做初步筛选，确定面试人选，填写《面试通知》。主管经理将应聘人员资料及《面试通知》交给人力资源部主管，由人力资源部通知面试人员。

（二）招聘时应注意的问题

1. 简历不代表一切

招聘人员可以通过简历大致了解应聘者的情况，初步判断是否需要安排面试。但招聘人员应该尽量避免通过简历对应聘者做深入评价，也不应该因为简历影响面试结果，应在面试中更多地了解面试者。

2. 工作经历比学历重要

对于有工作经验的人而言，工作经历远远比他的学历重要。他以前所处的工作环境和从事的工作最能反映出他的需求特征和能力特征。特别是对熟悉区域市场的人员，可以侧面了解一下该人员的业务能力和口碑等。另外，应聘者的工作经历还可以反映出他的价值观和价值取向，这些东西远远比他的学历重要。

3. 给应聘者更多的表现机会

招聘人员不能仅根据面试中的标准问答评价应聘者，应该尽量为应聘者提供更多的表现机会。比如，在应聘者递交应聘材料时，可让应聘者提供更详尽的、能证明自己工作能力的材料。另外，在面试时，招聘人员可以提一些能够让应聘者充分发挥自己才能的问题。如“如果让你做这件事，你会怎么做?”“在你以前做过的工作中，你最满意的是哪项工作?”

■ 营销队伍建设

每一个业务员都要成为提供综合增值服务的客户顾问，所以，企业必须制订系统的培训管理规范和流程，针对不同的员工进行个性化培养。

（一）对新加入的业务员采取“指挥型”的培养方式

重点是提高他们的沟通技能、开发客户经验和市场策略等方面的能力，提高客户沟通能力和市场管理能力。如开展入职培训，让新员工了解企业的理念、文化、发展历程、相关政策、制度及各部门的职能和运作方式，提高他们的基本素质和业务技能。企业一般采用内部交流经验及案例分析，组织参加外部的公开培训班等培训形式。

（二）对成长中的业务员采取“教练型”的培养方式

包括职业素质、营销理论和产品服务技术等内容，提高其客户服务和客户经营指导能力。要求其定期巡访和维护客户，保持经常性的沟通，积极主动地帮助客户解决经营管理中的实际困难和问题，为客户提供经营计划、产品展示、库存管理、客户服务等方面的指导和帮助。对于成长中的业务员要及时表扬，不断提高他们的工作积极性，同时，还要及时发现和纠正他们在工作中的不正确的做法。

（三）对已经成长起来的业务员采取“放权型”的培养方式

包括职业发展、个人成长、物质激励等内容。从优秀的业务员中选出能力突出的业务员提升为管理者，赋予其责任和权力，加强对其现代组织管理知识和技能的培训。疑人不用，用人不疑。对于已经培养起来的业务员，要适当赋予他们一定的权力，比如，下放业务管理权、小区域市场促销活动策划实施权等，使他们感觉企业很重视他们，增强他们的主动性。

■ 人才激励

人才激励也是营销队伍建设中的重要问题。一个优秀的人才加入营销队伍中，如果企业不能给予有效的激励与鞭策，那么，企业对这类人才的投资与从他们身上得到的效益就不能成正比。人才激励，关键是抓好以下几个环节的工作。

一是创造有利于人才发挥所长的文化环境。企业能否留住人才，发挥人才之所长，与企业的文化关系密切。领导要带头营造尊重人才、理解人才、关心人才的良好风气，并制订人才成长的各项政策；要多与人才沟通，了解他们的想法，解决他们的后顾之忧，从而使各类人才忠于自己的工作。对企业来说，既要着眼于建立，又要着眼于维护，要长期保持这种文化氛围。

二是为人才设计好事业发展阶梯。人才非常重视自己在一个企业的长期发展前景。如果他看不到自己的职位与能力的发展前景，那么，他留在这个企业的可能性也不会太大。企业领导要善于制订科学的计划，使有关人员只有通过努力才能完成目标，以便发掘他们所有的潜能。当然，随着人才的不断成长和能力的不断提高，事业发展的阶梯和目标也要加以调整。

三是制订合理的薪酬制度。人才在考虑事业发展的同时也一定会考虑现实的一面：自己的报酬与自己的能力及对企业的贡献是否成正比。如果他们感到不公平，就可能给工作带来负面影响。企业在营销活动中如何分配报酬很有学问，报酬太高对企业来说是不必要的损失，报酬太低又很难留住人才，因此，企业必须对此做出合理的决策。

■ 强化执行力

基层业务员在实现业绩目标的过程中，主要的任务是执行到位，所以，营销组织的绩效管理的各个环节都应成为各区域主管加强业务员执行力的有力工具。区域主管可以根据市场的实际情况和竞争要求，通过“就近管理与决策”，使绩效管理的目标、计划、考核、激励等环节与业务员的具体工作紧密联系在一起。否则，对业务员的考核就成了区域主管的“工作负担”，很难通过对业务员有针对性的过程指导和现场培训，有效提升业务员的战斗力和执行力。

业务员要做到“早上带一个方案出去，晚上带一个报告回来”。许多业务员一天的有效工作时间只有三四个小时，所谓的终端拜访也是走马观花，帮客户解决不了任何问题，时间长了，整个队伍也就松懈下来了。

改正的措施是：业务员每天的客户巡访计划应包括计划拜访的客户及区域市场、巡访路线、时间安排、主要项目或目的（开发新客户、市场调研、收款、服务、客户投诉处理、订货等）等内容。每日工作结束后，业务员要将出勤情况、洽谈结果、客户投诉处理结果、货款回收或订货计划、竞品信息、客户意见、最新动态、巡访心得等记录下来，接受区域主管检查。

在具体的运营过程中，还会涉及财务、物流等很多管理方面的内容，这里不再赘述。

区域代理商构建强有力的组织运营平台，逐步完成公司化运作转型，是市场发展的需要，也是市场竞争过程中资源整合的趋势。

菲利普·科特勒说过："要想取得市场领导地位，就必须设想出新的产品、服务、生活方式，以及提高生活水平的各种方法，提供人人皆有的产品的企业与创造出甚至从未想象过的新产品和服务价值的企业有天壤之别。归根到底，最棒的营销是创造价值，提高全世界的生活水平。"市场是不断变化的，市场的需求来自于终端客户的需求，转型的原则就是为终端客户提供更快、更便捷、更有价值的增值服务。

第5章　专卖店的增值营销

建材市场历经20多年的发展，由无序经营到品牌化运作，一批优秀的企业脱颖而出。我们对多家的优秀的建材、照明企业进行了深入地研究，发现它们各自具备自己的核心竞争力，共同点就是管理重心下移，把销售重心放在离消费者最近的终端，终端成为众多企业争夺的焦点。

如何在终端取胜？归根到底不外乎强化硬件和软件两项指标，硬件就是终端店面（专卖店形象），软件就是服务水平（解决方案）。

第1节　专卖店分类

从严格意义上来说，建材专卖店是一个体系，因为大多数建材专卖店有更细致的分类，一般分为四种：体验店（旗舰店）、形象店（店中店）、专卖店和专卖区。

■ 体验店(旗舰店)

利用模拟场景或者实体场景让消费者在终端体验产品带来的价值，产品展示较为柔性，让消费者身临其境，感受到物质的真、善、美。一般产品定位为高端产品，产品质量过硬，并能为消费者提供一揽子解决方案的企业才能承担这种大规模的投入。它有三个特点：面积大（一般在500平方米以上）、投资大（装修豪华）、品类齐全（某一品牌所有品类的产品）。

体验店有三大作用。

一是宣传品牌。大店本身就是企业广告，能彰显品牌实力，增强消费者的购买信心。

二是整合资源。将产品展示和应用场景真实地体现出来，将企业、商家和消费者整合在一起，不仅是产品和服务的结合，还是品牌附加值的集中展现。

三是传播文化。店面装修可以模仿，文化却不能复制，如企业文化全心全意为消费者服务的理念，完善的售前、售中、售后服务等一揽子解决方案，无时无刻都在传播企业文化。

■ 形象店（店中店）

终端有少量的产品，整体以产品展示为主，没有情景化的体验，面积一般为 200～500 平方米。形象店可以是独立的店面，也可以是卖场中的店中店，企业的大多数产品都在里面陈列展示，是重要的卖货终端。

■ 专卖店

纯产品展示，坪效（坪效 = 销售额 ÷ 门店营业面积）较高，产品展示的目的就是为了销售产品。面积一般为 150～200 平方米（照明行业的专卖店是以欧普照明为标准，专卖店面积为 100～150 平方米）。如果用“性价比”形容，专卖店是所有终端中“性价比”最高的终端，主要销售企业畅销的产品，是主流销售渠道。

■ 专卖区

一般是品牌的非根据地的区域市场的“占位”终端，面积一般在 80 平方米以下，商家和企业投入的资源少，对销售产品有一定的帮助，一般在三、四级市场比较多见，仅销售部分低价值的畅销品，属于“长尾”渠道。

第 2 节　专卖店选址

专卖店选址对店面生意影响很大。我们在一线市场工作多年，分析过数百家店面，也与客户一起探讨过很多店面选址方面的话题，最终发

现：凡是生意好的店面，位置都比较好；凡是生意差的店面，位置都不理想。

■ 选择店面的四项原则

（一）原则一

如果在大型专业市场选店面，主通道右边的中部位置最佳。最前排的几家店是消费者的盲区，一般消费者习惯先看看产品再做购买决策。因此，中部位置是生意成交量最多的黄金位置。

（二）原则二

如果在非专业市场选店面，靠近主流商圈的十字路口、停车便利的位置最佳。十字路口处客流量大，停车不方便，不容易“集客”，很难给人安全感，离十字路口太远又影响客流量，因此，如果不是在建材专业市场内，就要在主流商圈附近、离十字路口不远、停车便利的地方选择店面。

（三）原则三

在专业市场多开店，在非专业市场开大店。专业市场店面价格比较高，如果店面很大，成本也会成倍上升，造成不必要的浪费。多开店可以增加与消费者接触的机会。在非专业市场必须开大店，因为能够开大店的商家一般都不是小商家，消费者害怕店小随时“跑路”，面积越大，消费者就越有安全感，但如果没有足够的品牌和品类支撑，大店运营就会面临较大的成本压力。

（四）原则四

店面户型要方正，就是我们常说的店面户型要好。户型方正不仅容易设计，还能陈列更多的产品，关键是能让消费者感觉很“大气”，在里面没有压抑的感觉。如果店面不规则或者柱子较多会让人感觉很压抑，视觉“风水”比较差，也就是很多南方老板所说的“不聚财”的店面。

■ 四招选好店面

（一）第一招

要选择坐北朝南的店面，考虑避免日晒和寒风，在营业时间内要把门全部打开。

第一，店员在烈日的暴晒之下口干舌燥、浑身是汗，很难保持良好的工作情绪。

第二，产品在烈日的暴晒之下很容易变质，影响销量。

第三，店里热气逼人、有难闻的气味，消费者不是迫不得已就不会登门。

因此，夏天要想办法用遮挡风雨的大棚或是太阳伞等物料遮挡烈日。

（二）第二招

选取门前视野开阔的店面，应考虑店面正前方视野开阔，不能有任何遮挡物，比如，围墙、电线杆、广告牌和过于高大的树木等。较远的消费者和行人也能看到店面，这样有利于将产品信息传播给消费者和行人。

（三）第三招

繁华的地方是商品交易最活跃的地方，门前多洒水消尘，使店前空气清新；还要勤打扫店前卫生和擦洗店面门窗，保持店面整洁的形象。

（四）第四招

店面形象要突出产品特色，要围绕主要产品，或者是产品的营销特色设计店面形象，主要原则就是要使消费者从店面外观就能体会到或者猜测到本店的经营范围。

第3节 店面装修

店面装修包括以下几个方面的内容。

一是提交《装修申请表》，经过相关责任人和领导审批后方可施工。

二是店面装修前，首次合作的客户要提前签订《合作协议》并交付保证金，已经合作的客户也要签订《合作协议》，根据已交付押金的情况，再补齐差额。

三是原有合作经销商的店面升级，原则上老客户的店面不少于企业要求的最小面积，客户与企业的合作基础良好，经营思路成熟，实力较强，愿与企业一同发展。

四是店面在装修之前的图纸要经过相关部门管理者（如办事处经理、子公司总经理）和市场部设计师审核，市场部总监审批，通过后方可施工。

五是严格按照设计图纸施工，保证不偷工减料。

六是装修核销。根据店面的营业时间，半年内核销完毕，未实现销量目标的店面不予核销。

专卖店经营管理是品牌管理下沉的关键环节，从零售角度看，谁掌控了终端，谁就把握了未来的销量。专卖店经营管理主要包括**店外因素、店内因素和人员因素**三部分内容。

第4节 店外因素

店外因素主要包括：市场客流量、竞争对手的实力、店面在市场中的位置、品牌宣传、店面的装修档次、人员推广、社区宣传等外部因素，每个细节都会影响店面的生意。

市场客流量的大小决定市场的容量。客流量越大，店面做生意的机会越多，反之机会越少。市场客流量有以下三个决定因素。

一是市场所在的位置，交通顺畅、停车便利、配套设施齐全的市场比较容易“集客”。

二是广告力度大、服务质量高、市场管理规范、对商家有严格的服务要求、品牌强势、消费者信任度高的市场，消费者能够放心购物。

三是处于垄断地位的市场，或者消费者有在此购物习惯的市场，市场的容量比较大。

竞争对手的实力决定竞争的程度和层次。竞争对手实力弱的区域市场，生意比较容易做，而在竞争对手实力强的区域市场，对专卖店的经营者有更高的要求。例如，在南部和东部经济较发达的区域市场，专卖店建设很容易推广，甚至乡镇市场都可以建设专卖店和形象店，企业与商家的合作关系也比较简单，终端竞争激烈，一些优秀品牌在一个区域市场多家经营是很常见的事情。而同样的事情在北方地区可能完全相反，北方地区一些偏远的县城还是空白市场，基本上是独家经营，竞争也是不同品牌之间的竞争。因此，无法用南方区域市场的经营思维管理北方区域市场。我们应考虑地区差异，建议企业在南方区域市场主抓终端（精耕细作），在北方区域市场重点经营渠道（渠道覆盖）。

店面在市场中的位置决定店面门前的客流量。在主通道上的店面，消费者在门口经过的机会多，进店的概率也大，在成交率恒定的情况下，客流量越大，成交量越大。用公式表示：销量＝成交客户数量×平均客单价，成交客户数＝成交率（恒定）×进店客户数量。进店的客户数量和门前的客流量成正比，所以，店面在市场中的位置很大程度上决定了生意的好坏。

品牌宣传决定消费者对品牌先入为主的品牌印象。如果消费者在进市场时发现最醒目、最大的一块广告牌上宣传的品牌，他会认为这一定是大品牌。如果消费者一进入市场就看到很多某个品牌的吊牌，他一定会认为这家企业的实力很强。

店面的装修档次决定消费者的层次。产品与店面装修要匹配，它的档次、品位、醒目程度对消费者有较大影响。大众消费品牌，在设计上更注重亲民性和互动性，大多数消费者也愿意进店看看。如果一个大众品牌，用豪华的装修材料装修店面，虽然能够提升产品的档次，但也有“小马拉大车的”的感觉，会“吓跑”很多准消费者。消费者不是怕花钱，而是在一些豪华店面前压力较大。再好的产品，如果没有配套的终端店面匹配，也可能卖不上好价钱。

人员推广和社区宣传后面会单独论述，这里不再赘述。

第5节 店 内 因 素

星巴克的店面装修环境和空间设计非常人性化，让人感觉舒适惬意，比办公室温馨、比家清净，那里的服务也是一流的，让人没有拘束感，也不会受到干扰，一杯飘香的咖啡醉倒了多少人——“我不在咖啡馆里，就是在去咖啡馆的路上。”这体现了人性化的服务和全心全意为消费者着想的理念，“第三空间”的打造让消费者流连忘返。

■ 终端分销

终端分销是指在终端有展示、在仓库有库存。它有三个关键因素：**在不同的区域市场分销不同的产品**。例如，照明产品中的羊皮灯在苏州比较畅销，而在哈尔滨，羊皮灯让经销商很头痛，因为苏州温暖潮湿，哈尔滨干燥寒冷，从南方把羊皮灯运到哈尔滨，羊皮灯的实木边框已经干裂变形了。**在不同的渠道分销不同的产品**。例如，KA 渠道与五金渠道的消费群体的需求明显不同，KA 渠道的消费群体注重档次和品质，而五金渠道的消费群体注重价格和购物便利性。**向不同的客户分销不同的产品**。例如，有的客户擅长零售，我们就给他提供流通性产品；有的客户擅长项目销售，我们就给他提供定制的产品。

■ 终端位置

终端位置是指产品陈列的具体方位，它包括产品的主要陈列位置、次要陈列位置、多点陈列位置、促销陈列位置。

我们通常把店内的产品分为四类：战斗产品、流通产品、盈利产品和形象产品。占据什么样的位置决定该产品所处的地位。战斗产品也是“集客产品”，依靠低价位、低利润打击竞争对手，吸引消费者，一般陈列在门口等易被消费者看到的地方。流通产品放在离消费者稍远的地方，这类产品放在哪里，消费者都能找到。盈利产品是企业主推的产品，要放在消费者最容易看到和拿到的地方，这会增加消费者的购买机会。形象产品库存不多，一般放在不易被消费者拿到的地方，作用是提升店面的档次。

■ 终端陈列

终端陈列是指产品在店内展示的方式。如在墙壁上的产品或者在货架上的产品的陈列方向分为横向陈列和纵向陈列，一般品类产品要横向陈列，系列产品要纵向陈列，如图 5－1 所示。

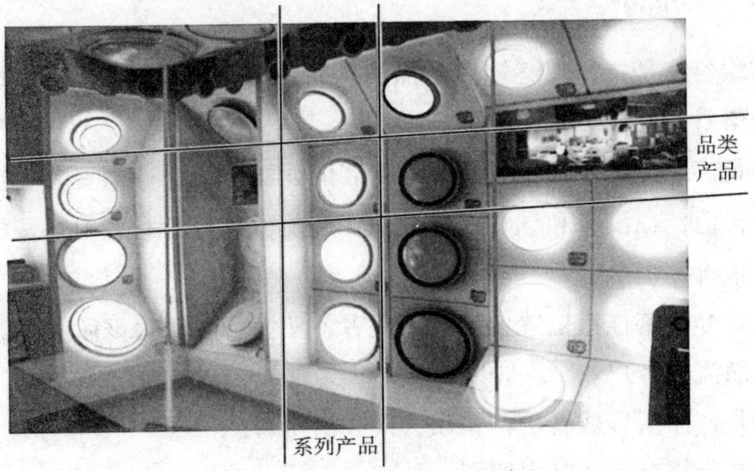

图 5－1　终端陈列样板图

终端陈列一定要杜绝两种现象：一是样品缺失，二是样品老化或者损毁。样品缺失给消费者留下的印象是清盘甩卖、不再经营或者是卖旧货；样品老化或者损毁会给消费者留下产品品质不好的印象。好的陈列自身会说话，它就是终端的活广告。另外，要用灯光烘托、突出产品，使产品显得与众不同，让消费者在卖场中很容易就看到我们想突出的产品，如图 5 - 2（亮灯部分）所示。

图 5 - 2　亮灯样板图

■ 终端价格

终端价格是指零售终端展示品的零售价格。我们走访终端时发现，终端价格常常有以下三个问题。

一是产品无标价，这会影响消费者的购买决策，使消费者无法判断产品的价值，在没有和导购员建立信任之前，消费者有理由怀疑导购员的任何报价。

二是标价签挂错位置，误导消费者，使消费者认为该店不是诚信经营，进而流失客户。

三是产品型号或者价格错误，误导消费者。

终端价格有三个基本原则。

一是尽量用标准的、正规的标价签，而不是手写的标价签。

二是尽量用印刷的标价签或者特价签。

三是每个产品都要有自己的名字和价格，而不是多个产品用同一个标价签。

■ 终端助销

终端助销是指促进销售的各种物料和道具，是在终端与消费者沟通的、协助消费者认识产品或附加值的工具或载体。例如，企业的 LOGO、现场促销活动的道具、堆头、标价签、促销品陈列等。要避免助销品缺失、残次或者污损，使其保持良好的形象，为产品的品质加分。助销品质量要有保障，千万不要认为不要钱的赠品，质量差一些没有关系，要给消费者留下“好产品，每一个细节都是好的”的印象。

■ 终端促销

终端促销是结合消费者对产品的需求特性而设计的有诱惑力的促进销售的策略。过去促销以买赠为主，随着消费者掌握的信息越来越多，购物也越来越理性，但消费者的需求又是个性化的，这为我们策划促销活动提供了较大的空间。促销一般有以下五个目的。

一是希望消费者多买产品。如“第一个节能灯原价，第二个节能灯 5 折优惠。”“购买××品牌，满 888 元送护眼灯一台。”这种促销方法适用于日常购买频率高的产品，如关联的、系列的或者可同时购买的产品。

二是希望消费者买自己的产品。如“独家包销，数量有限，早买早得！”这种促销方法适用于有独特卖点的产品，属于排他性促销。

三是促使消费者购买新产品。如“购天使光环全套，享节能大礼包。”采用这种促销方式是为了推广新产品，促进新产品上量，强化消费者对新产品的认知。

四是促使消费者立即购买产品。如“促销倒计时，最后 3 天。”目的是提高成交量。

五是促使消费者购买特定产品。如“购××产品，先折后礼!”“买××油漆送涂料。”适用于提高指定品牌、指定品类、指定型号的产品的销量或者减少库存。

当然还有特定时间、特定人群促销活动，以及积分换礼品等促销活动，但这些活动和前五种相比不太常用。

■ 库存管理

库存管理是专卖店盈利与否的关键，毛利再高，如果管理不好库存，损耗也将成为专卖店不盈利的关键因素。因此，做好店面库存管理工作，是任何店面经营者都绕不过的坎。

做好库存管理不仅需要保证产品快速周转、先进先出，更重要的是必须快速销售产品、降低损耗，在最短的时间内处理滞销品。这样做目的有三个：一是盘活资金，二是降低占用面积，三是加快产品周转速度。

根据区域市场的容量和自身的销售情况，经常调整产品库存，随时准备推出新产品，“新”和“快”是专卖店最大的特色。

第6节 人员因素

这里所说的人员主要是指导购员。

我们常说：“铁打的营盘流水的兵”，导购员与门店的合作关键点在于利益的平衡。导购员在一个门店的发展主要基于薪水高低、发展与提升空间、福利好坏、培训学习机会、激励晋升、工作环境等几个方面的利益点，一旦利益失衡，要么员工自己走人，要么被开除，这些都是正常的。

管理导购员最理想的方法就是激励导购员发挥主观能动性，而不单单是靠制度约束。管理好导购员，通常有以下几个方法。

■ 管理者要充分、全面地了解新导购员

很多门店管理者招人的时候很心急，结果请来的帮手刚刚熟悉流程却提出离职，临走时还说："因不了解而合作，因了解而离开。"其实，企业在员工入职时就要做好员工离职的准备，重点从员工个人特点、家庭情况、工作经历等方面入手，分析其可能离职的理由，提前设置相关处理预案，并且这个预案会一直伴随着这个导购员，及时调整其在不同阶段的需求。

■ 管理者坚持每月与导购员沟通和评估绩效

导购员突然离职对门店销量的影响较大，并且事后很难弥补。因此，企业要防患于未然。任何事情都有征兆，沟通可以消除疑虑和误解，缓解员工的负面情绪，千万别在员工提出离职时捶胸顿足，涨工资、加福利为时已晚。另外，企业要及时惩罚连续完不成销售指标的导购员。

■ 欢迎老员工回归

很多管理者都有这样的经历，员工要走怎么也留不住，过一段时间之后他又想回来。不要关闭老员工回归的大门，把他们推向竞争对手一边。

管理者应给优秀的、留不住的员工留条退路。在他走时，为他办一个欢送会，承认他的贡献并希望他回来看看、再回来服务，老东家的大门永远都为他敞开。这样不仅能让离职的老员工有面子，还会激励在职的员工。

■ 建立员工档案

无论是在职的员工还是离职的员工，企业都要保留他们的档案，逢年过节发一条短信、打一个电话，会让离职员工倍感亲切。虽然不再是

企业的员工，但他可能会把管理者当成朋友，同时也会成为忠实的消费者和不要工资的销售员。

■培训学习

培训学习主要包括入职培训、激励培训、晋升培训三个方面的主要内容。很多老板对此颇有微词，认为培训是一种浪费，甚至有“愚民思想”：员工越无知越忠诚，知识越多越反动。

无论有无经验，新员工入职都要有入职培训，越是基层的员工越需要专业技能。入职培训要从企业文化（如果门店没有这方面的积累，就要从老板的经营理念和经营品牌的理念角度去阐述）、服务心态、产品知识、销售技巧等方面入手，尤其是产品知识和消费者常问问题的标准答案，要让新员工死记硬背答案，直到烂熟于心。先僵化、再固化、再优化，最后才能灵活运用，当员工发现自己的答案比消费者常问问题的标准答案还完美的时候，他已经达到出神入化的境界了。

导购员做到一定程度很容易倦怠，甚至会“挑客”，“看着不像买家”的消费者就区别对待、冷淡处理；有的导购员新鲜劲过了，失去了激情和动力，成了“温水青蛙”；要不就是有一点小成绩，就“小富即安”，不思进取……这个时候就需要激励培训。激励培训就是参加诸如拓展训练、特殊训练营、到专业机构接受培训学习等活动，让导购员相信自己只要努力就有收获。

当优秀的导购员晋升为管理者（如店长）的时候，一定要参加晋升培训。否则，可能会让老板很失望——少了一个优秀的导购员，多了一个无能的管理者。因为导购员与消费者是一对一的沟通，而管理者要领导团队作战。因此，职能的转变和自身能力的蜕变，需要有人点拨和时间的验证。晋升培训一般包括沟通方法（保持目标一致）、培训能力（将自己的技能传授给下属）、制度流程（有法可依、标准化作业）、激励技巧（团队斗志和精神状态）等方面的内容。对企业和老板来说，要做到“扶上马，务必送一程”。

■ 激励机制

激励包括物质激励和精神激励。物质激励是给提成、发奖金、发礼品、给购物券等实惠的奖励。精神激励是指大会表扬、口头表扬、证书、奖状、奖杯、经验分享等“给面子”的、相对比较“虚”的奖励。一般虚实结合效果比较好。

每年开展一次“魅力导购”评选活动，获得“魅力导购”资格的导购员带薪免费参加企业举办的“魅力导购营”。活动内容包括：导购技巧培训、户外拓展训练、漂流、野炊、登山、晚会等一系列年轻导购员感兴趣的活动。

管理者管理导购员要做好四项工作：第一，制订合理的薪资体系和奖惩制度；第二，尊重导购员的想法和建议；第三，为有能力的导购员提供“更上一层楼”的发展平台；第四，创造相对轻松、舒适的沟通环境。

附件一：店面装修申请表

店面装修申请表如表 5－1 所示。

表 5－1　店面装修申请表

____区____分公司（办事处）　　　　日期：____年____月____日

客户名称		详细地址			
联系人		店面面积		拟装修面积	
联系电话		店面所处地段	□专业市场 □大型社区周边 □KA 卖场 □其他（请注明）		
合同销售指标		万元	客户与公司合作的年限		年
客户今年已完成销量		万元	预测销量		万元/月
我公司产品在该市场网点的覆盖情况					

续表

<table>
<tr><td colspan="3">竞争品牌在该市场终端展示和布局情况</td></tr>
<tr><td colspan="3">市场环境叙述（市场规模、竞品店面数量、周边居民消费水平、市场潜力、消费习惯等）</td></tr>
<tr><td colspan="3">客户情况（理念、实力、品牌认同、目前管理水平）</td></tr>
<tr><td colspan="3">店面情况（客流量、生意状况、我公司店面在市场中的位置）</td></tr>
<tr><td colspan="3">店面设计执行（施工人员是否专业、是否了解我公司店面设计的目的）</td></tr>
<tr><td colspan="3">客户对该店面的要求概述</td></tr>
<tr><td colspan="3">该店面的平面图要求标明店面尺寸和层高（统一用电子文件传给设计师）</td></tr>
<tr><td>经理意见</td><td>运营专员意见</td><td>管理部经理意见</td></tr>
<tr><td></td><td></td><td></td></tr>
<tr><td>盖章：　　日期：</td><td>盖章：　　日期：</td><td>盖章：　　日期：</td></tr>
</table>

附件二：××公司专卖店合作协议

新签□
续签□
其他□

甲方：××公司（以下简称甲方）

乙方：________________（以下简称乙方）

甲乙双方本着平等互利、共同发展的原则，经过友好协商，就同××公司专卖店合作事宜，达成如下协议。

第一条　专卖店释义

××公司专卖店分为独立专卖店和店中店两大类。独立专卖店是指加盟商主营××品牌的系列产品的个体经营店。店中店是指加盟商经营多个品牌产品，在其经营场所中划定特定区域经营××品牌的系列产品，面积不低于______平方米，门头须悬挂××公司的标准门招。

第二条　乙方专卖店类型：□独立专卖店　□店中店

第三条　地址：________________________________（详细地址）

第四条　自协议生效之日起，乙方可在规定的范围内使用××商标、品牌等无形资产（仅限于销售××品牌的产品过程中使用）。严禁将××商标、品牌用于其他用途，甲方拥有××商标、品牌、形象等无形资产的最终所有权。如果发生滥用××商标等无形资产的事情，乙方愿意接受甲方的处罚，合同终止时，甲方自动收回××商标、品牌等无形资产的使用权。无论乙方店内甲方产品是否销售完毕，乙方必须自本合同结束之日起 15 日内拆除带有××字样及图片的门招、展示柜，并交出所有带有××字样的 LOGO、宣传画册等。

第五条　甲方的权利、责任

1. 建立规范的价格体系，保持良好的市场秩序，统一终端供货价，控制货物的流向，规划专卖店网点，制订统一的专卖店管理制度。

2. 甲方有检查、考核、指导专卖店运营管理工作的权利。

3. 甲方指定装修设计公司为乙方提供专卖店设计图及施工监理指导，保证施工质量。

4. 培训专卖店员工，乙方需积极配合。

5. 根据市场的需要开展统一的广告、公关促销工作。

6. 未经甲方许可，乙方不得在××品牌范围内经营其他品牌产品。否则，甲方有权要求乙方立即整改，直至达到甲方的要求。情节严重者，甲方有权扣留给乙方的全部装修费用、扣除保证金，直至取消乙方的经销权。

第六条　乙方的权利、责任

1. 严格遵守《专卖店管理手册》，努力完善专卖店终端形象、库存管理、售后服务等管理体系；执行甲方有关规范市场秩序、物流结算等其他相关规定，若违反规定则按照相关制度处理。

2. 积极监督施工队的施工进程，并与甲方共同对装修质量严格把关，如果装修不合格必须按照标准图纸整改，否则不得核销装修费用。

3. 不得私下向任何第三方转让或转借甲方授予的一切权利。乙方营业地点变更、代表人变更等事项均须经过甲方同意。如未经甲方同意，甲方有权单方面取消协议。

4. 积极协助××品牌的市场管理、促销活动等工作，及时反馈市场信息。

5. 乙方承诺严格保守甲方的商业机密，不向除甲方以外的任何人提供甲方的产品信息，包括销售政策、销售协议、阶段性的销售政策和各种销售数据。否则，甲方有权要求乙方赔偿因此给甲方带来的损失，由甲方直接从乙方保证金、货款中扣除，如果金额不足，乙方则要补齐差额。

6. 乙方不得发表和实施可能对甲方的业务、信誉和公司形象产生不利影响的言论和行为。如果出现了对甲方产生不利影响的事件（例如，出现××品牌的假货、负面报道等），要积极协助××品牌妥善解决问题。

第七条　保证金条款

1. 本协议签订时，乙方需要交纳保证金______元（装修施工前缴纳），乙方保证金最高额度为______元（多家门店）。

2. 如乙方在本协议执行过程中有违约行为，则对其违约行为的罚款及给甲方带来的损失均从保证金中扣除。

3. 若乙方违反《专卖店管理手册》及公司相关规定的处罚条款，处罚金从保证金中扣除。

4. 乙方须于每次扣除之日起 7 日内补齐保证金，如未在规定期限内补齐保证金，甲方有权单方面取消协议。

5. 双方终止合作时，保证金将在相关手续办理完毕后一个月内返还乙方。

第八条　目标销量条款

双方商定：乙方月度、年度销售计划，目标销量由甲方下达。

第九条　装修费用

甲乙双方约定，符合条件的专卖店，装修前须报甲方审核，经甲方书面签字同意后方可装修，由甲方根据相关标准按照实际使用面积给予装修补贴（公司会随时检查申报情况的真实性，如果虚报专卖店面积，一经查实予以超出部分双倍的罚款）。

第十条　专卖店装修费报销条款

1. 专卖店装修所需全部费用由乙方先行支付，验收合格后，甲方按相关标准在规定时间内按每月进货额的一定比例，用货物冲抵装修费，在规定时间内报完为止，超期未报完的不予报销。报销装修费时，乙方需向甲方提供相应的正规发票，发票抬头为“××公司”。

2. 违约责任：装修过程中乙方出现违约行为（如不按照公司标准图纸施工），由乙方自行承担发生的费用，甲方不予报销。如果乙方不按甲方要求运营，或者把专卖店用做其他用途，甲方有权要求乙方赔偿相应损失。

第十一条　协议解除条款

1. 乙方不执行双方约定的有关条款时，甲方可解除协议。

2. 乙方不遵守《专卖店管理手册》及甲方有关规章制度时，甲方给予相应处罚，情节严重时，甲方可解除协议。

3. 乙方经营恶化，连续亏损，经甲方判定已无法改善经营状况时，甲方可解除协议。

4. 乙方经营者申请破产时，甲方可解除协议。

5. 乙方明显有违背信用的情形出现时，甲方可解除协议。

6. 乙方妨碍正常的经营活动时，甲方可解除协议。

第十二条　甲乙双方对本协议内容均负有严格保密的责任，一方未经另一方同意不得将协议内容透漏给第三方。

第十三条　由于不可抗力事件，直接影响协议的履行或者不能按约定的条件履行时，遇有不可抗力事故的一方应立即将事故情况通知对方，并在______天内由双方协商决定是否解除协议，或者免除部分协议责任，或者延期履行协议。

第十四条　协议解决方式

本协议在履行中发生争议，双方应协商解决；协商后未解决时，任何一方均可利用司法途径予以解决。

第十五条　本合约自甲乙双方签约盖章之日起生效。合作时间从甲乙双方签约盖章之日起至______年______月______日止。合同履行完毕后，如甲乙双方均无异议，合同将自动续约一年。

第十六条　××公司对本协议拥有最终解释权。

第十七条　本协议一式三份，甲方两份（一份公司存档，一份专卖店管理部存档），乙方一份，具有同等法律效力。

第十八条　其他未尽事宜，双方协商解决。

____

____

____

甲方（盖章）：××公司	乙方（盖章）：
法定代表（签字）：	法定代表（签字）：
联系电话：	联系电话：
开户行：	开户行：
账号：	账 号：
签订日期：	签订日期：

第 6 章　小区的增值营销

第1节　小区推广的意义

中国本土建材市场正由以产品为导向的“产品竞争时代”向以服务为导向的“服务竞争时代”转变。在这个过程中，建材产品之间的差异越来越小，越来越多的企业变革重点是如何快速、方便地将产品送到消费者的手中，以提高本企业在激烈的竞争环境中的市场占有率、竞争力为中心。

在此前提下，有的企业选择了渠道为王，将渠道重心下沉，优化渠道效率的策略；有的企业选择了终端为王，广开网点；有的企业选择了利用传统大卖场的强势竞争力，期望快速走货的策略……但这些策略只是从优化渠道结构和提高渠道效率角度运作的，还没有真正拉近产品本身和消费者之间的距离。整个价值链条的环节就差最后一公里，那就是有效地出货，而小区推广是建材营销实现这个目标的有效手段之一。

小区推广的作用如下。

（1）锁定目标消费群体。小区内居民相对集中且固定，一旦该区域市场内的消费群体认可了品牌，就很容易形成品牌忠诚度。

（2）很容易和消费者达成交易，降低交易成本。这也是在专卖店和建材市场中不容易实现的。

（3）提高影响力。小区面积相对狭小，彼此间很容易传播信息。

（4）有利于与消费者的深度沟通和交流。在小区内能够实现与消费者面对面地接触，可以更好地了解消费者的需求和动机，也能解答消费者的疑问。

小区推广的本质是将销售终端前移，再向消费者靠近一步，以“为消费者提供贴心服务”为根本宗旨，以产品质量为依托，以面对面销售为手段，彻底解决建材渠道中最后一公里的价值转让的服务问题。

小区的增值营销不是孤立的，而是与整个建材营销体系紧密相关的，是从原有的渠道体系中发育成长出来的新兴市场操作模式。

传统建材行业的主要销售模式有自建渠道和代理商渠道两种，采用这两种模式的店面往往都集中在建材批发市场或小区居民楼附近。无论哪种模式，都存在让消费者寻找该店或该产品的问题，然而该问题的难点是，如何让消费者去卖场或门店之前就对我们的产品有一定的了解，如何保障企业的产品或经销商的店面让消费者知道并找到?

传统店面销售模式的缺点是不言而喻的。小区推广的主要优势就是在先前渠道仅停留在建材市场的前提下再向前延伸，进入消费者的生活环境中，让消费者天天见、日日闻，不知不觉地跟随企业的销售节奏行动，在消费者还没有进入建材市场之前就开始拦截。

当然，企业也无需顾虑这种模式是否会对传统营销渠道带来冲击这个问题，恰恰相反，小区的增值营销完善和补充了先前渠道的不足，使原有渠道的拦截更加有效。如图6－1所示。

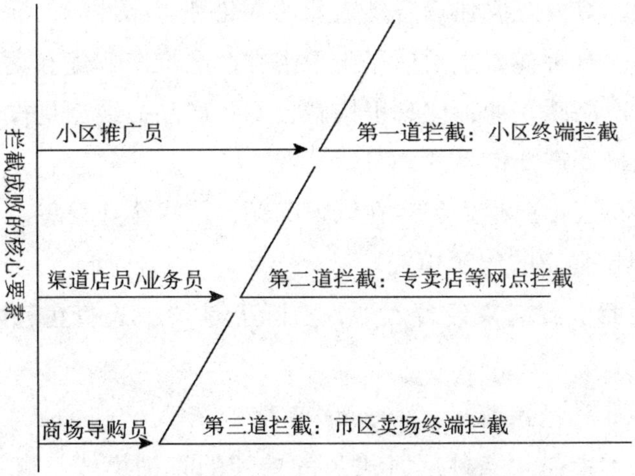

图6－1　小区的增值营销市场拦截示意图

对企业来说，传统的专卖店和市区建材批发市场是第二道、第三道拦截防线，小区推广首先使零售终端再向前延伸一公里，使渠道末梢下沉，贴近消费者，形成了事实上的第一道拦截防线。其次，小区的活动和宣传间接影响消费者，即使小区终端拦截没有交易成功，那么这些受到影响的消费者也会关注该品牌，会在随后的专卖店销售拦截和批发市场销售拦截中提高成交的概率。从这个角度看，小区的增值营销的作用相当于终端前置，再向前靠近一步，贴近消费者，为消费者提供价值。

第2节　小区的增值营销的难点

当前建材业的小区推广模式主要有两种，一种是“地毯强推式”小区推广模式，另外一种是“主动引导式”小区推广模式。

“地毯强推式”小区推广模式是指当前的一些建材商家，比如，地板商、地砖商、装修商等委派专业人员对小区内所有住户进行“地毯式搜索”，挨家挨户访问。在访问过程中，通过递交名片、发放产品资料等方式向住户强行推销产品。这种推销模式的优势是能将信息迅速传达给潜在住户，缺点是很容易让住户反感。

“主动引导式”小区推广模式是通过在小区入口处摆放横幅、拱门或者样品展示等方式向住户宣传企业的文化和产品性能，期望住户咨询和交易成功。这种模式主要适用于卫浴类产品推广，优点是成交率比较高，只要对产品感兴趣，住户很快就会购买产品，缺点是投入比较高且住户是被动接受产品信息的。

这两种小区推广模式都存在以下问题，值得企业反思。

（1）强拉强卖的售卖模式。

（2）表面上看起来轰轰烈烈，实际上是“三天打鱼，两天晒网”，有始无终。

（3）企业和经销商赔本赚吆喝。

（4）基本上是“条件反射式”的单纯的直销模式，盲目地挨家挨户“扫楼”推销，缺乏针对性。

（5）只有广告宣传，甚至只有小区局部的广告宣传，缺乏针对性的地面推广活动。

（6）把建材产品这种“半成熟化”产品当作“标准成熟”产品销售，缺乏关键性的服务指导。

（7）没有形成系统性的运营和管理模式，小区推广活动存在偶然性和随机性。

（8）建材行业的小区推广存在“只销售不服务”的现象。

(9）客户档案管理体系不健全，没有形成小区持续性消费。

(10）小区推广业务员不专业，员工流失率较高。

不同的行业在小区推广方面有不同的营销方法和手段，上述现象并不是说小区推广不适合建材行业，恰恰相反，从建材和卫浴类产品的销售成功经验可以看出，这种方式不但有效，而且是当前建材行业的主流营销模式。

究其原因，这些现象只是表象，其本质是企业在具体操作的过程中没有对小区的增值营销制订整体规划，有的甚至上升不到营销的高度，仍停留在促销的层面上。

目标群体没有形成区隔。小区有高档住宅区和普通住宅区的分别，住在不同小区内的业主有不同的需求，需要分类和定位。安图“通吃”的企业在操作上就会失去对目标客户群体的聚焦，没有聚焦也就意味着在小区的增值营销过程中，很多资源都被浪费了。

(1）缺乏充分的调研。小区的增值营销是一项系统工程，调研很重要，很多企业对将要做活动的小区和即将开发的小区没有系统的思考。

(2）仍然采用传统的促销方式。花钱但是没有效果，小区宛如一个池塘，很小但水很深，倘若采用传统的促销方式很可能招致业主、住户的集体抵制。传统促销的主旨就是“强拉强卖”，通过利益引导诱使消费者采购，其实，消费者更关注购买经验和口碑。

(3）资源配置不当，费用高、投入大、产出少。很多企业更注重见利见效的短期行为，忽视产品在当地的口碑和影响力，采用“一锤子买卖”的策略。

(4）控制能力不足，小区促销员没有针对性的操作思路和方法。整体来说，小区的增值营销是让消费者看到、听到、感受到产品的质量和服务。但实际上，很多企业月初人员招募到位并派往各小区“扫楼”，月末却发现成交客户很少。

(5）销售和营销之间的联系不紧密。规划和前期广告投入很到位，然而在最重要的入住装修阶段没有有效的产品陈列和展示，以及相应的地面促销活动，消费者对产品缺乏信任。

（6）没有整合小区内各利益群体。小区的增值营销现在已经成为建材行业、家电行业等各种不同类型行业重视的区域市场。大多数企业或代理商往往都是自己硬闯，忽视和其他利益相关体的合作，如卫浴和浴霸、厨房电器和立体橱柜、瓷砖和地板、水电和建筑设计师等各利益相关体之间的合作。一个普通的水电工可能认识整栋楼的业主，他的推荐力有时候远大于央视广告的影响力。

第3节　小区的增值营销的特点和思路模式

因小区相对比较集中，其消费群体既有普通消费者的消费特点，又有其独特的鲜明个性。

（1）居住区域集中，人员流动性低，消费群体相对稳定。

（2）居住区域相对狭小，住户之间都很熟悉，容易快速传播产品，形成口碑效应。

（3）具有“跟风式”的消费特点，倘若一家采购某种建材产品，其他人一般都会跟风采购该产品。

（4）小区的消费者具有“阶段性”的采购特点。

（5）市场容量大。

（6）小区的消费者采购建材产品具有时间阶段性特点，和小区的消费者的装修、入住流程有关。

（7）小区推广具有排他性，可以通过垄断措施将竞争性产品排除在小区之外。

（8）小区的消费者的消费行为和消费习惯都和当地的风俗、文化一脉相承。

上述特点不过是对小区的增值营销的主要核心要素进行归纳总结，提炼出部分共同特点，所以，企业在具体操作时一定要根据当地的情况，因地制宜，一地一策。

第 4 节　小区的增值营销的实操要点

一个城区往往有很多小区，到底应该从哪个小区入手，如何有效投放资源，怎样才能把握住关键点，是每个企业都要考虑的问题。

■ 理顺区域小区资源，先占位

首先，要安排自己的业务员对自己所能辐射的区域进行初步的市场调研，和楼盘的开发商初步接触，就一些商务问题达成初步协议。

其次，企业或当地产品代理商要对该区域内与房地产建设相关的规划局、建设局、建筑设计院等要害部门接触，利用当地的人际关系和客情资源了解当地的房地产建设情况。

结合这两个信息，在当地城市地图上对于正在建设中的、规划中的、已经建完即将出售的、已经售完进入装修阶段的、完全售罄并装修完毕的等各种类型的小区进行分类，形成一图一表。图指的是小区地理分布图，表指的是小区业主状况明细表。

小区地理分布效果图的作用是便于取舍和规划，要制订小区开发时间表，哪个小区先做，哪个小区随后跟上，哪个小区战略性放弃，哪个小区作为重点精耕细作等决策都要根据该图的示意标注，便于小区操作人员科学管理区域市场，有效投放资源。在每一个小区设置小区销售专员，表的作用就是为该小区销售专员提供原始的评估资料，便于他们最终形成有效的操作思路和步骤。同时，要理顺小区物业或业主之间的客情关系，根据小区的具体情况做出决策。

■ 小区开发建设阶段，找准关键点、适时介入，屏蔽竞争对手

小区建设具有阶段性的特点。从立项那一天开始，小区就一直处于被关注的状态。在这个过程中，按照房地产的建设阶段和正式

入住的时间结点将这个过程划分为8个关键阶段。具体过程描述如表6－1所示。

表6－1　小区建设的8个关键阶段

序号	阶段	关键核心要素	备注
1	设计阶段	建筑设计公司、房地产开发商	
2	地产开盘	房地产开发公司、建筑施工单位、开盘仪式	
3	施工阶段	建筑围墙、施工现场入口	
4	出售阶段	售楼中心、售楼小姐、联合促销	
5	交钥匙阶段	物业管理公司、物业人员、保安	
6	装修阶段	油漆工、水管工、地板商、装修公司、橱柜公司	
7	入住阶段	赠送仪式、温情祝福、民俗风尚	
8	传播阶段	售后服务、口碑传播	

在整个小区建设开发的过程中，每个阶段都有关键核心要素。经销商或企业如果想介入，就要详细分析搜集到的房地产资料。如在小区建设的出售阶段，该阶段的关键核心要素就是小区的售楼中心、售楼小姐，以及与房地产公司（物业公司）联合促销，彼此借力、互相影响。如在售楼中心内放置该经销商专卖店的详细产品资料或陈列样品，留下电话号码；或与售楼小姐合作，让其宣传和推荐企业产品等。

■ 搜集小区客户资料，启动小区客户管理和维护系统

一旦选定了要操作的小区，市场负责人务必要与该小区的房地产开发公司或物业管理公司取得联系。每一个物业管理公司都有业主的联系方式，这些联系方式对于房地产开发公司或物业管理公司来说不过是一堆数据，但是这些看似无用的数据对建材企业来说却是无价之宝。

假如要精耕细作该小区，就要为小区内的客户建立档案，并对档案进行管理，使其增值。典型的操作模式是利用发短信的方式，当然也可以采用将客户集中起来开产品推广会的方式。

■ 多方联合、整合资源，控制小区媒介资源

联合其他相关行业，如联合家电行业，一起与物业管理公司谈判，买断并控制小区的广告投放资源，并将各自行业竞争对手的广告屏蔽在小区外，使这个小区“卖场”内看不到竞争对手的任何售卖信息，形成局部垄断区域。

小区的相关媒介资源如下。

横幅、条幅类媒介。在小区入口处设置彩气球，欢迎入住的横幅标语、条幅标语，入口大道两旁设置彩旗等。典型的推荐标语为“××企业欢迎业主乔迁新居!”

宣传栏类媒介。在小区入口的公告栏、宣传栏、张贴栏等处张贴海报类宣传 POP，如计划生育、防火、防灾、防偷窃、邻里关系等内容的宣传海报。

公告提示牌类媒介。在小区的绿地、游泳池、喷泉、指路牌、楼梯贴一些公益性广告。如“青青绿草，何忍践踏!”“注意危险，此处水池!”“沿此路前进，安全无忧。”

广告类媒介。彩球、POP、电梯传媒、角落传媒、短信、街区主要街道喷绘。

增值服务。售后服务、售前安装指导、设计手册、安装培训、社区讲座、房屋钥匙坠等。

■ 关键时期不断搅动市场，见利见效

小区开发过程中不仅有其阶段性的关键点，还有最重要的阶段，那就是小区出售阶段和装修阶段这两个黄金时间段。因为在这两个

时间阶段内，几乎所有的住户都装修房子，否则日后等别人都入住了，自己再装修就会引起不满，而且处理杂物也不方便。所以，这段时间是营销高潮期。在此阶段，企业要开展促销活动，不断搅动市场。

■ 永续经营，服务为纲，有效传播品牌

营销学认为，凡是有消费者的地方就有需求。从这个角度讲，小区也是一个卖场，和传统店面销售建材不同，这个卖场的消费群体是固定不变的，是集中在一起的。小区的特殊性就在于它是一个永远都有需求的卖场，因为这里的消费者都有自己的圈子和朋友，一旦向外传播，影响力将不可估量。所以，在操作过程中，要有长期经营这个“特殊卖场”的信念，通过服务让消费者真真切切地感受到企业的真诚。

■ 人才储备，专业至上

笔者在操作小区试点的过程中，工作压力最大的不是方法和思路，而是小区推广专业人才。试想，倘若负责小区的业务员“三天打鱼，两天晒网”，影响力是要打折扣的。更严重的是，因为小区操作不能马上看到销量和效益，很容易让业务员受挫，这对经销商来说，损失是巨大的。因为这不仅仅是走一个业务员那么简单，他带走的是这个小区业主对其人的看法和对其所代理的产品品牌的看法。该业务员一走，后来的人员势必又要从头再来，额外增加运营成本。倘若该业务员被竞争对手挖走，损失就会非常大。所以，如何拉拢业务员？如何使他们更专业，在消费者面前更有权威性？这些问题是所有企业都需要关注的核心问题。

第 5 节　小区的增值营销的步骤

■ 建立专业的小区推广队伍

小区推广部（组）一般由 2～10 人组成，最少 2 人，设一名经理或主管，下设若干个小组，一般是 2～3 人为一组，以组为单位开发小区。如图 6－2 所示。

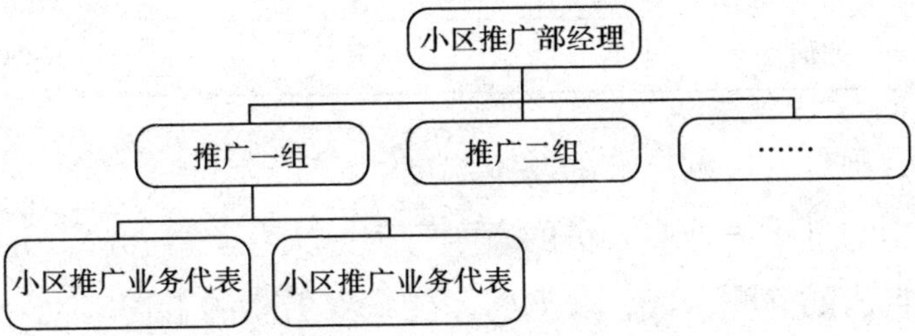

图 6－2　小区推广部架构

招聘：对小区推广人员的要求是吃苦耐劳、百折不挠，有物业管理经验者优先考虑。

培训：小区推广人员上岗前，应该接受一系列的培训，考核合格后方能上岗。

培训课程：如表 6－2 所示。

表 6－2　小区推广人员的培训课程

序号	课程	培训时间
1	企业介绍、企业文化	1 小时
2	管理制度、运作流程	半天
3	商务礼仪	2 小时
4	积极的心态	2 小时
5	产品基础知识	2 小时

续表

序号	课程	培训时间
6	产品架构、FAB（特点、优势、利益）	2小时
7	介绍产品的FABE法	2小时
8	行业竞争态势	1小时
9	价格管理	1小时
10	基础营销理论	2小时
11	小区推广实操动作分解	半天
12	客户服务技巧	1小时
13	如何处理客户异议	1小时

制度：制订小区推广部的基本制度。

激励：制订小区推广人员的薪酬管理办法、奖惩办法，并让每一个人都清楚自己的薪酬构成，及如何才能拿到更高的工资。

"打气"：小区销售工作很容易遭遇挫折，若不及时帮助小区推广人员调整心态，他们很容易垂头丧气，对工作极其不利。企业可利用早会时间，分享一些同事的成功案例和成功人士的故事，激励他们克服困难，争取拿到订单。

小区推广部的过程管理："三会制度"，通过早会、周会、月会，随时了解业务进展状况，解决工作中出现的问题，确定下一步工作的方向。实施"工作日志、工作计划、工作总结"管理制度，每天填写《工作日志》，记录工作内容，反映市场情况，提出工作建议，《工作日志》在早会前提交；每月提交《月度工作总结与工作计划》。如表6－3所示。

表6－3　××有限公司工作日志

200　年　月　日

<table>
<tr><td>姓名</td><td colspan="2"></td><td>岗位</td><td></td><td colspan="2">本月销售目标　　　　万元</td></tr>
<tr><td colspan="7">接待/拜访客户记录</td></tr>
<tr><td>时间</td><td colspan="2">客户姓名</td><td>单位</td><td>职务</td><td>电话</td><td>沟通结果</td></tr>
</table>

续表

时	分					
市场与竞争对手情报						
意见与建议						
领导批示						

■ 开展小区普查，建立楼盘档案，制作楼盘分布图

将本区域的小区、楼盘，进行全面的普查，建立楼盘档案，再将楼盘名称标注在地图上，将楼盘分布图挂在办公室墙上，已进驻的小区用“红旗”标注并及时添加新楼盘。如表 6－4 所示。

表 6－4 楼盘档案表

编号		跟进人			
楼盘名称		详细地址			
开发商		物业管理负责人		电话	
楼盘定位		目标买家	□是 □否		
均价		户型			
户数		配套			
楼盘类型	□商品房 □集资房 □拆迁户 □出租房 □别墅				
是否精装修		开盘时间			
是否统一装修		预计装修时间			
能否进场宣传		宣传方式			
车库/门店租金		横幅租金			
展示租金					
已进驻的装修公司		联系人		电话	
		联系人		电话	
		联系人		电话	
		联系人		电话	
		联系人		电话	
已进驻的竞争对手					
开发价值评估	预计投入 预计销售收入				
进驻计划					
效果评估					

■ 楼盘分类

根据楼盘大小和档次分类（A/B/C/D/E），集中进攻重点小区。

■ 评估开发价值，确定进驻方式

分析楼盘后，首先评估该楼盘是否值得进驻，也就是评估该楼盘进驻的投入产出比，进行投入产出分析，需明确以下几组数据。经过计算，若值得进驻，再决定以何种方式即投入产出最高的方式进驻。

（1）需投入多少人？需要多长时间？

（2）前期的公关费是多少？

（3）租金是多少？展示物料、宣传物料费用是多少？

（4）预计销售收入是多少？

不同时期采用不同的宣传方式。

（1）**小区建筑期**。利用横幅宣传，将一些横幅（喷绘）挂在墙上。

（2）**楼盘销售阶段**。重点做好对开发商与售楼部的公关工作，要设法获得业主档案；把宣传资料、小礼品放在售楼部，请其代为派发；将广告牌、X展架、小展架放在售楼中心用于宣传。利用掌握的业主档案，前期可以与业主电话沟通，了解业主的需求并约定时间进行面对面地沟通。同时，可与物业管理处联系，做一些公益广告，如赞助制作小区公益宣传牌、告示栏、指示牌、广告电子时钟、小区座椅，提前进行预热式宣传。

（3）**中期（楼盘售完至集中装修期间）**。这是小区推广的关键期，针对不同的小区，确定不同的进驻方式。

（4）**后期（零星装修期）**。通过电话与业主保持沟通，有意向者可上门服务，做好售后服务（退货上门、铺贴指导）。

■ 对物业管理处公关，争取以较低的成本进驻

联系小区的物业管理部门，找到负责人，施以小恩小惠建立个人感情，争取以较低的成本取得较好的位置。有些小区的租金可收可不收，关系好的可以少收甚至不收，所以要取得小区物业管理部门的好感，深化关系。集资房、单位房，可找该单位的行政部（福利处）等部门。

在与物业管理部门协商的过程中，从赞助做一些小区必需的公益宣传牌、告示栏、指示牌入手，取得物业管理部门的好感，接下来的合作就会很顺利了。

■ 进驻前的准备

物料清单如下。

展架：以简易展架为主，方便运输与拆卸。

产品：针对小区档次选择合适的产品组合，如高档楼盘要选择一些有特色的产品、新产品；若是经济适用房，可选择一些性价比高的产品。

帐篷、太阳伞：营造气氛。

形象台、桌椅：携带轻便的标准形象台及若干桌椅。

现场设计装修图：与业主互动。

宣传资料：大图册、荣誉证书、检测报告、工程案例、销售记录等。

小礼品：赠送给业主。

KT 板：企业介绍、产品介绍等。

小区单张：这是非常重要的小区推广工具，单张内容、设计质量好坏，直接关系到成交量。一张好的小区单张要具备以下特点。

（1）企业介绍要简洁，重点突出国家级荣誉与环保方面的荣誉，如国家免检产品、3C 认证、环保产品认证等。

（2）产品清单要有针对性。根据该小区业主的收入、装修预算，

制订合适的产品清单，没必要将图册上所有的产品都放上去。

（3）有针对该小区的促销方案、团购优惠方案。促销方案、团购优惠不可少，让小区业主感觉比到市场上购买产品更划算，最大限度地利用小区的口碑传播，推动团购批量销售。

（4）应用案例。应用案例是销售的“证据”，将一些有代表性、有号召力的案例放在单张上。

（5）服务承诺。将企业送货、退货、换货、品质保证等方面的承诺详细写出来，给业主吃下“定心丸”。

■ 正式进驻

同物业或者广告承包商谈判，争取广告位置。广告位置一定要坚持独占原则，即在自己的周边不能有竞争对手干扰；要考虑好性价比，寻找合适的位置；对重点小区，要做出气势，资源投放不能“撒芝麻”，要重拳出击。

在进驻过程中，可以考虑和异业联盟、和家装公司联盟，有效利用资源。联盟方式有联合拿广告位置、联合做促销活动、联合做样板房、客户信息共享等。

■ 接待与介绍产品

（1）工作人员必须穿统一的制服或 T 恤，遵行商务礼仪，使用礼貌用语。

（2）介绍产品要专业，使用 FABE 方法介绍产品。

（3）绝对不可以与业主发生争吵。

（4）向业主赠送纸巾、气球等小礼品，以博得好感。对一些业主必需的卷尺、计算器、雨伞，在登记了业主的姓名、地址、电话后，可以借给业主使用，下次拜访时借机收回。

（5）推广人员要主动出击，向路人散发单张、小礼品，并引导其到展示地点参观。

（6）接待时积极建议业主预约参观至尊店和查看家装课程。

（7）积极介绍针对本小区的促销活动和团购方案。

（8）送给业主的资料最好用一个纸袋或塑料袋装起来，看着“珍贵”，业主才不会随便丢弃。资料一般包括产品汇总折页、团购指南、促销活动单张、家装课堂预告、接送时间安排表、业务员的名片等。

■ “扫楼”

所谓“扫楼”，就是挨家挨户地入室拜访，而不是简单地将产品资料塞到门缝里就完事了。这些资料、信息要送到业主手里才有价值。

（1）入室宣传人员要注意商务礼仪，穿着整洁，彬彬有礼。千万不能死缠烂打，业主反感时，要适可而止。

（2）入室拜访，最好带上一些礼品，如装修时用得着的卷尺、计算器、纸巾、小雨伞等。

（3）根据前期收集的业主档案，能叫出名字更好。“您好，李小姐，我是××品牌的业务员，我有一些资料想给您看看。”

（4）拜访后要留下业主的联系电话。向业主索要电话时，可以这样说：“如果有优惠活动（或家装课堂，或预约去总部展厅参观），好随时通知您。”

（5）“扫楼”有一个技巧，一般从顶层往下走，从上而下入室拜访，这样就不会感觉太累了。

（6）“扫楼”后应该填写《业主档案表》。如表6－5所示。

表6－5　××小区业主档案表

业主编号：

姓名		联系方式	手机：　　住宅电话：
住址			
工作单位			

续表

住房面积		拟装修时间			
装修公司		设计师		电话	
装修档次	□高档 □中档 □简单装修				
装修预算					
装修方式	□包工包料 □包清工				
采购方式	□业主采购 □装修公司采购	预计采购时间			
兴主感兴趣的品牌					
开发价值	□ 高 □一般	跟进人			
跟进计划					

■ 参观预约登记、确认

对一些有意向的业主，可建议他们去位于建材市场的至尊店参观。业务员可以这样对业主说："我们在这个小区只是展示了部分产品，而且展示场地比较简陋，效果相对差一些。建议您去我们的至尊店参观一下，至尊店品种齐全，效果也好，我们有专车接送。"说完，可拿出一份《邀请函》，请业主填一下。然后在约定时间的前一天晚上，通过电话确认业主是否愿意去，约定具体时间。如表 6 – 6 所示。

表 6 – 6 邀请函

尊敬的________先生/女士

首先祝贺您即将喜迁新居！××公司愿为您的新居贡献一份力量，我们愿意为您提供专业的装饰建议与服务，特邀请您及您的家人到公司总部参观，欢迎您的光临！

××公司

参观预约登记表

序号	姓名	住址	电话	随行人数	预约参观时间

回执

姓名		住址	
电话		随行人数	
预约参观时间		候车地点与时间	
××公司联系人		联系人电话	

■ 接送目标业主到至尊店参观

接送目标业主到至尊店参观是小区推广中很重要的一项工作，只要业主愿意到至尊店参观，就意味着销售成功率已达60%以上。在接送业主过程中，要细心安排，给业主留下好印象。每次接送的人数以30人左右为宜，参观的时间最好是周六、周日。

（1）在接送前一天确认参观的业主名单。

（2）提前半小时来到约定地点（一般在小区的正门口或公交车站）。

（3）组织业主上车并清点人数，打电话联系未到的业主。

（4）给上车的业主每人发一瓶矿泉水，并在车上介绍此次参观的行程安排与返程安排。

■ 展厅接待

业主到展厅后，门店导购员与小区推广人员分成几个小组接待。接待工作如下。

（1）倒水。

（2）介绍产品与服务，使用FABE法。

（3）现场对比测试产品。

（4）回答业主疑问、计算用量、费用预算。

（5）举办“家装课堂”。

（6）接受产品预订。

（7）在展厅接待业主过程中，要确保每个业主都有人接待，不能怠慢任何人。

（8）展厅门口应悬挂横幅或欢迎牌，以示欢迎。

■ 团购

团购有两种形式。

（一）由意见领袖召集

“擒贼先擒王”，做团购先抓住“意见领袖、热心人”，尤其是一些单位机关的工会、福利部门、行政部门的“头头”或退休干部，这些人在社区内具有一定的号召力，可利用他们组织团购，根据团购数量给他们一定的奖励。团购的突破口就是先做一家样板房，然后由团购召集人组织业主去样板房参观，这样成交的概率就会很高。

（二）利用 BBS 网上招募

在一些房地产网站、装修材料采购网站或小区网站的 BBS 上以业主的名义发布一些团购瓷砖的帖子，有购买意向的人就会跟帖。这对一些经常上网和经常在网上购物的“白领一族”特别有效。

■ 小区回访

根据产品预订的名单，逐一对各个业主进行回访，提供核实用量、安排送货、收取货款、指导施工、退/补货等服务。

对因故没有参观展厅又比较有兴趣的业主，可预先联系入室拜访，介绍业主到公司总部展厅参观，重点说明有多少户下了订单。

在各个业主装修好准备入住时，可以发短信或打电话祝贺其喜迁新居，并征询其对产品品质、服务、装修效果是否满意。

■ 口碑宣传

小区业主购买瓷砖时喜欢相互交流，某户人家购买了马可波罗的产品，这个楼里好几家住户都会跟风购买；并且如果前几家住户购买的是E时代，后面几家住户也跟着购买E时代。业务员要利用好这种口碑宣传和跟风效应。

对于装修初期的前几家住户，一是联合或独自同客户洽谈样板房；二是对购买高端产品的业主，给予较大幅度的优惠。

装修中期，对一些犹豫不决的业主，可带他们去已装修好的业主家看产品装饰效果。另外，要把本小区的业主名单整理成一个表格，将已装修好的住宅拍成照片，作为“证据”，向其他潜在的业主展示，能取得很好的效果。

装修后期，已经有部分心急的业主入住，推广人员上门回访并赠送小礼物，如定制的脚垫、包装好的两瓶红酒等，给业主带去惊喜。

第6节　小区的增值营销的注意事项

■ 注意事项

（一）竞争对手的跟随

在开发小区的过程中，企业一定要密切关注竞争对手的反应，在小区的增值营销的过程中，唯独竞争对手的反应无法准确预料到。倘若在小区的增值营销过程中，因为一时大意或没有跟小区物业谈成“独占性”广告发布代理权，竞争对手就会无孔不入。如果竞争对手采取跟随战略，你走到哪里他就跟随到哪里，效果就会大打折扣。所以，在小区的增值营销过程中，所有企业都要密切关注竞争对手的动向，要采取一切手段将竞争对手屏蔽在小区外，让自己的企业成为事实上的小区垄断方。

（二）小区销售专员的培养

小区销售专员和普通业务销售人员不同，他们不仅需要有完善的产品知识，还要有一定的口头表达能力，甚至要求这些人成为小区业主装修的顾问。当然，如果他们因为操作方法不当或个人能力不足失去信心，竞争对手就会趁机挖走销售专员。这对着手开发小区的企业来说是巨大的损失，因此笔者在这里建议，企业一定要采用不同的管理方法和考核方法，留住人才也就意味着保证了稳定的现金流。

（三）坚持的重要性

小区推广历时较长，甚至长达一年有余，在这个过程中，很多企业或业务员会丧失信心。小区推广是一个点，倘若多个小区连成一片，那么就是好几个点。假设一单生意都没有，但在此过程中，因为贴近消费者，该企业的产品品牌知名度在该区域内得到提升，这和单纯打广告的费用比起来很划算。因为小区是一个永不落幕的“卖场”，只要存在就有影响力，销量提高是迟早的事情。

（四）小区推广要与家装公司建立紧密的联系

推广人员在“扫楼”过程中要和家装公司的设计师建立初步的联系，通过店面积分、赠送企业专门为设计师准备的资料、光盘、礼品等手段，增强设计师对品牌的推荐力。

（五）小区推广要把握业主的时间

一般而言，小区业主出现在小区内的时间，以下班空余时间和节假日居多。所以，小区推广人员不能和门店人员一样——正点吃饭、到点下班，应该有时间差的概念，把握好与业主面对面沟通的机会。

（六）小区内产品展示要规范

要选择“集客”区域，不能选择偏僻区域；要展示拆开包装的精品，每一个细节都要经过精心设计，因为没有树立形象就等于破坏形象。

（七）要充分发挥标杆作用

对一些重要的小区，要抢先占领售楼部的样板房，将产品的应用、展示效果及产品特点充分在样板房里表现出来，并引导其他业主参观和点评，最大限度地发挥以点带面的样板效应。

小区宣传要突出实惠性，想业主保留好我们的宣传单页，必须让其认为有利可图，可以在派发单页的同时派发代金券、优惠卡，到宣传单页指定的门店购买本企业的产品，代金券可抵扣部分购物款；或者直接在宣传单页上注明其他优惠条件。

■ 常见问题与解决建议

常见问题与解决建议如表 6－7 所示。

表 6－7　常见问题与解决建议

<table>
<tr><th>项目</th><th>常见问题</th><th>问题种类</th><th>解决建议</th></tr>
<tr><td rowspan="4">场地选择</td><td>周边环境恶劣</td><td>影响品牌形象</td><td>杜绝选此类场地</td></tr>
<tr><td>场地狭窄</td><td>导致现场展示元素不足</td><td rowspan="2">小区展示面积应该在 50 平方米左右，使用 1～2 个帐篷</td></tr>
<tr><td>场地空阔</td><td>布展缺乏气势，与品牌形象不符</td></tr>
<tr><td>有遮挡物</td><td>现场有护栏等遮挡物或阻挡物，导致业主无法聚集在展示区</td><td>争取最佳位置，如争取不到，则应更换场地</td></tr>
</table>

续表

<table>
<tr><th>项目</th><th>常见问题</th><th>问题种类</th><th>解决建议</th></tr>
<tr><td rowspan="6">背景喷绘</td><td rowspan="3">没有悬挂</td><td>物料监控管理不严格，背景喷绘无法悬挂甚至丢失</td><td rowspan="3">加强物料管理，加强对现场执行人员的培训与考核，确保背景喷绘的正确悬挂</td></tr>
<tr><td>保管不当，导致背景喷绘被划破或损坏</td></tr>
<tr><td>执行人员嫌麻烦，没有悬挂背景喷绘</td></tr>
<tr><td rowspan="3">悬挂不符合标准</td><td>6 米的帐篷悬挂 3 米的背景喷绘</td><td rowspan="3">加强对现场执行人员的流程培训与现场管理，每一次活动至少有一名正式参加过实地操练与培训的人员</td></tr>
<tr><td>背景喷绘悬挂方向不正确</td></tr>
<tr><td>背景喷绘主画面与活动场地方向相反</td></tr>
<tr><td rowspan="7">活动主题条幅悬挂</td><td>没有主题条幅</td><td>缺少明确的活动主题条幅</td><td>事前必须确定活动主题</td></tr>
<tr><td>条幅内容不符</td><td>条幅内容与活动无关</td><td>根据主题制作条幅，其他信息用海报体现</td></tr>
<tr><td rowspan="5">条幅悬挂不标准或不规范</td><td>条幅过短或过长</td><td rowspan="4">测量尺寸，格式与形象符合企业标准，监控制作品质与效果，禁止出现绝对性和误导性文字，现场条幅用别针等道具使其尽量平整</td></tr>
<tr><td>条幅上使用的文字有歧义或有误导性文字</td></tr>
<tr><td>现场悬挂条幅主题过多，信息混乱</td></tr>
<tr><td>条幅悬挂不平整，或条幅设计不规范</td></tr>
<tr><td>执行人员对悬挂条幅认识不足</td><td>加强宣传与标准化操作培训</td></tr>
</table>

续表

项目	常见问题	问题种类	解决建议
展示细节	地堆展示	过低或过高	正常情况，高度应为1.5米左右
		地堆展示遮挡人流	一般不建议地堆摆放在帐篷正前方，建议在帐篷前方两侧
		用未拆包装的产品展示	要求实物展示
		展示产品随意摆放，不整齐	采用圆形、金字塔形、梯形展示，但要整齐、规范
	海报书写	书写不规范	书写三原则：价格、优惠、活动主题
		海报书写字体不规范、信息过多	美工字体，信息不要太多，注意留白
	咨询台	咨询台凌乱	加强现场执行人员的培训，各地根据实际情况规定现场展示标准，加强稽核力度
		咨询台上缺少证书及台牌	
	展示单体欠缺或未按标准搭配展示	缺少物料	1个小帐篷配4把太阳伞，1个大帐篷配6把太阳伞，在站台两边按线性排列
		太阳伞未按标准展示	

正处于行业成长期的企业，能否让消费者见到，能否在繁多的建材产品中脱颖而出是市场营销的关键。

附件：××公司小区推广计划模板

活动目的

（1）提升终端销量；

（2）提升经销商信心；

(3) 提升品牌在局部区域的知名度；

(4) 操练队伍，帮经销商寻找新的蓝海；

(5) 打击竞争对手。

■ 活动地点和时间

1. 活动地点

一般选择核心经销商所在的城市中心、商业广场、专业市场广场、专卖店附近广场等人流大且有场地的地方。

2. 活动时间

××年××月××日 9:00~21:00

一般选择周五至周日，建议在上午或晚上举办路演，每场路演时间为 2~3 小时。

■ 活动主题(促销)

活动主题通常要有一定的噱头，如新店开业、店庆、重大节日、重大事件等。

■ 活动方式——路演

1. 专业的路演公司

有营业资格，能开发票，有专业的演出队伍，有大品牌操作经验。

2. 路演公司人员要求

专业的走秀模特 6 名，主持人 2 名，舞蹈演员 3~4 名，歌手 2~3 名，魔术师 1~2 名，相声或者小品演员 1~2 名（可结合当地实际情况选择有特色的节目，如在河南可安排表演豫剧，在东北可安排表演二人转）。

3. 物料清单

物料清单如表 6 – 8 所示。

表 6 – 8　物料清单

备货	陈列项目	大型	备注
经销商应准备的物料	实物产品若干	同一款产品 50 个	若干堆头使用（不一一列举）
	接线电板	3 个	现场通电使用
	接线插头	15 个	现场通电使用
	电线	1 卷	用于接电、通电
	剪刀	1 把	现场随机使用
	透明胶	1 卷	现场随机使用
	电胶布	1 卷	可以由电工备带，用于接电使用
	电工箱	1 套	可以由电工备带，用于接电使用
	包装带	15 米	包捆东西使用
	扎带（塑料）	2 包	用于支撑帐篷
	销售单（带有复写纸）	2 盒	现场销售记录
	统一零售价格表	1 份	现场宣传及销售使用
	店内名片	2 盒	现场宣传使用
	实物产品若干	多款	帐篷内实物展示
	活动内容传单	3000 份	现场发放
	记号笔	3 ~6 支	现场使用
企业物料（耐用品需回收）	产品展示架	3 个	现场通电展示，不能有空缺
	产品手册	5 本	现场宣传使用
	洽谈桌椅	4 套	预订产品用
	大帐篷	3 个	现场必须展示
	形象喷绘、帐篷背景布	3 块	现场必须展示

续表

备货	陈列项目	大型	备注
企业物料（耐用品需回收）	小帐篷	1 个	现场必须展示
	形象喷绘、帐篷背景布	1 块	现场必须展示
	拱门与电机	1 个	舞台前
	太阳伞	40 把	必须展示
	太阳伞底座	40 个	必须展示
	吊牌	20 块	挂于帐篷内
	X 展架	4 个	展示现场
	咨询台牌	1 个	置于桌面
	对比台	2 个	用于对比产品品质
	证书图册	3 本	授权书、驰名商标、中国名牌
	产品设计手册	3 本	方便介绍产品
	打气筒	2 个	给气球打气
	广告碟片	2 张	现场和店内同步播放
	空白海报	30 张	主题海报、特价海报等
企业宣传物料	电工笔	50 支	方便在现场与消费者拉近距离
	串旗	100 个	店内外布置
	产品小折页	5000 张	现场发放
	工程资料	50 本	现场发放
	LED 钥匙扣	50 个	现场发放
	圆珠笔	500 支	现场发放
	气球	500 个	现场发放

4. 活动前期培训

培训时间：路演前一天下午。

培训内容：产品知识、路演学习及升华、路演注意事项。

负责人：推广主管。

5. 活动前期准备

准备时间：路演开始当日早上 7 点，所有物料及 POP 全部到位。

物料清单：办事处的物料在活动日期前，提前 3 天发放到位，客户路演前一天全部准备好，办事处指定物料申请人和保管人。

6. 现场分工明细表（如表 6－9 所示）

表 6－9　现场分工明细表

<table>
<tr><th>分组</th><th>成员</th><th>时间</th><th>工作内容</th></tr>
<tr><td>活动指导</td><td>市场经理</td><td>6:30～21:00</td><td>指导策划相关工作</td></tr>
<tr><td>活动策划组</td><td>市场主任、推广主管</td><td>6:30～21:00</td><td>活动方案策划及监督执行</td></tr>
<tr><td>现场布展组</td><td>2～3 人</td><td>6:30～21:00</td><td>活动现场布展及活动执行</td></tr>
<tr><td>宣传组</td><td>2～3 人</td><td>8:00～21:00</td><td>活动现场宣传</td></tr>
<tr><td rowspan="2">后勤保障组</td><td rowspan="2">经销商</td><td>7:00～12:00</td><td rowspan="2">应对后勤保障等突发事件</td></tr>
<tr><td>14:00～21:00</td></tr>
<tr><td>拍摄组</td><td>演出公司</td><td>6:30～21:00</td><td>负责活动现场的电子相片采集及录像</td></tr>
<tr><td rowspan="3">演出组</td><td rowspan="3">演出公司</td><td>6:30（布展）</td><td rowspan="3">表演节目</td></tr>
<tr><td>9:00～11:00</td></tr>
<tr><td>14:00～20:00</td></tr>
</table>

7. 路演活动方式

现场互动问答（可根据实际情况编排）。

8. 现场活动满足“四化”要求

活动主要采取现场演示＋路演（展示）方式。

规模化：通过现场展示，彰显品牌实力。

差异化：通过现场展示，烘托品牌特色。

标准化：通过标准话术解答与引导，加深消费者的品牌印象与品牌意识。

利益化：通过深度宣传，完善销售模式，提升单店有效流量与最终销量。

9. 现场布置

根据活动现场的实际情况布置，基本原则是大气、宽敞、主题明确、突出品牌，制造舒适、良好的现场环境，展示专业的品牌形象。场地周围要用太阳伞圈成地界标，多多益善，但至少舞台周围不少于 10 把太阳伞；大帐篷和小帐篷根据场地情况适当布置，但至少有 1 个大帐篷和 1 个小帐篷，在帐篷前要有堆头和咨询台，以便提供咨询服务。

10. 店内布置

路演活动要和店内促销活动相结合，店内也要做生动化展示。

（1）店内布展烘托热烈的现场气氛：搭建拱形门，多处悬挂气球，预计需要 400 个气球。

（2）店内张贴促销海报。

（3）悬挂吊旗。

促　销（举例）

1. 促销时间

××年××月××日。

2. 促销内容

（1）进店有礼

开业当天前 20 名进店的消费者凭单页可获精美礼品。

（2）限时抢购

限时抢购时间：××年××月××日全天。

抢购内容：在××年××月××日全天购买或者预订产品一律享受七折优惠；同时享受以下优惠。

满 888 元送高档餐具一套；

满 1888 元送品牌电水壶一个；

满 2888 元送精美空调被一条；

满 3888 元以上送品牌微波炉一台。

礼品发放原则：就高不就低。

(3) 特价抢购产品

××年××月××日全天，××产品：原价××元/台，现价××元/台……

11. 活动结束后的工作

(1) 回收物料：经销商、区域主管负责当天晚上回收物料，第二天归档并还给企业。

(2) 工作人员跟进路演光碟的制作工作。

■活动效果评估

1. 现场流量

从现场咨询人数和演出活动围观量分析。

2. 随机调查

在市场随机访问目标消费群体。

3. 销售流量

分析店内一段时间的销量。

4. 品牌宣传效应

品牌的知名度与影响力。

5. 区域拉动效应预测

产品销售的差异。

活动效果评估因素如下。

(1) 现场购买、订货；

(2) 店内气氛热烈程度；

(3) 团购活动；

(4) 抽奖活动；

(5) 单店流量；

(6) 样板房设计率；

（7）品牌宣传效应；

（8）区域市场拉动效应预测。

■ 总结

1. 经验总结

2. 改进措施

第 7 章　家装渠道的增值营销

第1节　家装渠道建设背景

■ 什么是家装渠道

家装渠道又称设计师渠道，通过设计师的推荐、设计，使某些产品或者品牌在家庭装修中被优先使用。设计师不是一个人，而是一个群体，由于设计师对消费者有重要影响，企业对他们极其重视，故将他们称为“渠道”。根据设计师的特性，一些企业把家装渠道合并在一起称为“隐性渠道”或者“隐形渠道”。

随着竞争的加剧和设计师队伍素质的提高，加上家装公司管理日益规范，部分优秀的家装公司、家装设计机构开始直接代理一些品牌，并开设展厅直接或间接销售产品，成了名副其实的家装渠道，如北京的东易日盛、业之峰等。

■ 家装渠道是企业的新蓝海

随着市场的发展和日益成熟，一批优秀的家装渠道快速成长起来（如表7－1所示），其影响力也日益扩大，成为影响消费者选择的主要渠道之一。它们不仅影响消费者对品牌的选择，还影响企业的市场份额，据业内人士介绍，2011年中国室内装饰市场需求总量约为7000亿元。

表7－1　部分优秀的连锁家装公司

规模	名称	总部	覆盖省市数量
全国连锁	东易日盛	北京	18
	业之峰	北京	23
	元洲	北京	20
	轻舟	北京	13
	龙发	北京	20

续表

规模	名称	总部	覆盖省市数量
全国连锁	城市人家	北京	9
	满堂红	深圳	20
	居众	深圳	11
	星艺	广州	34
	华浔品味	广州	15
区域连锁	进念	上海	2
	荣欣	上海	7
	千思	上海	4
	百姓	上海	4
	阔达	北京	7
	钟凯丽	南京	8
	鸿扬	长沙	7
	川豪	成都	5
	嘉禾	武汉	3
	雅庭	深圳	5
地方连锁	聚通	上海	40
	欧坊	上海	6
	星杰	上海	5
	划云	上海	6
	万泰	济南	5
	随意居	长沙	10
	自在天	长沙	6
	美迪	长沙	7
	顶鼎	广州	10
	天天	沈阳	4

注：排名不分先后，由于笔者信息有限，许多优秀的连锁家装公司未在此表中显示。

家装渠道对产品的推荐作用很大，鉴于整体设计风格的匹配和对设计师的信任，再加上自身工作忙碌，多数消费者会选择家装渠道推荐的品牌。因此，家装渠道建设是企业尤其是高档品牌绕不过的销售途径。

由于我国地域辽阔，消费者的习惯也有很大差异，家装公司对业主的影响也因地区不同而有差异。南方地区和东部地区，业主信息发达，业主对家装公司的依赖度不高，由家装公司提供设计方案和施工，装修材料由业主自行选购。北方地区和西部地区，业主信息和建材知识相对较少，加上家装公司的强势地位，家装公司指定的品牌对业主的影响力比较大，家装公司向业主推荐品牌的成功率较高。

第2节　家装渠道操作方案

■ 家装渠道操作方式

家装公司“全包”也叫包工包料，业主把所有材料的采购和施工都交给家装公司负责，业主只负责监督和验收。采用这种方式的业主大多经济状况较好，工作忙碌，没有时间和精力关心装修的事情。

家装公司“清包”也叫包清工，指业主自行购买所有材料，由家装公司施工。发达地区的业主比较喜欢采用这种方式，时间比较宽裕的业主也愿意采用这种方式节约装修成本。

家装公司“半包”是介于“全包”和“清包”之间的方式，施工方负责施工和采购辅材，主要材料由业主采购。这种方式看起来好像是业主对家装公司的妥协，其实是精明的业主减少工作量的最佳方式。

■ 家装渠道信息收集

（一）通过推广寻找信息

建材家居企业进入小区推广时会遇到正在小区展示、发资料或在业主家施工的家装公司，这时正是收集家装公司的相关资料，主动联系家装公司，洽谈业务的好时机。

（二）参加各种展览会收集信息

建材家居企业可以通过参加家装公司“展销会”“家装赶集会”“家装公司联合推广会”收集家装公司资料，负责人跟进收集家装公司信息。

另外，从报刊、杂志、电话黄页、网络搜索、电视广告（房产或家装专栏）、家装协会等渠道，也可以收集到家装公司信息。收集信息很容易，家装渠道客情关系的维护才是难点和关键。

■ 家装设计师培训会（联谊会）

（一）会场选择标准

根据区域市场的特点选择会场，北京、上海、广州、深圳等特级市场或者省会城市，要选择四星级酒店，至少能容纳 100 人的大会议室。如果是地级市或者发达的县级城市，会场至少要选择三星级酒店，至少能容纳 80 人的中型会议室。

（二）会场布置标准

课堂式座位布置，有讲台、投影设备和音响设备，会议室要有地毯，尽量避免使用木地板的会场（人员走动会有较大的声音，影响会议效果）。

会场酒店门口和会场内讲台后上方统一挂上企业的横幅，会场内左、右侧上方也悬挂企业的横幅。

会场正前方（即讲台背景墙）布置企业宣传广告喷绘布（提前一天悬挂，做好通风工作，避免会场有异味）。

接待处企业手提纸袋（内装礼品、企业图册、活动议程表等）整齐排开，注意摆放美观。

会场入口通道摆放设计师培训会专用的介绍企业和产品的X展架，以便烘托气氛。

在酒店允许的情况下，在会场外面设置彩虹门、太阳伞，以扩大品牌对外界的影响力，如果酒店需要，可以免费赠送酒店几把太阳伞放在大门口处。

（三）课程内容安排

课程内容是整个会议的核心，一定要精心设计和准备，避免过于仓促影响效果。如表7－2所示。

表7－2　培训内容安排表

项目	具体内容	时间	备注
前期破冰	破冰活动的目的是活跃气氛，打破僵局，拉近老师与学员之间的距离	20分钟	各区域市场可根据实际情况自行安排
企业简介	主办企业的发展史、各项荣誉简介及企业发展愿景等	10分钟	要把品牌故事、企业文化和设计师的关系有机结合起来，避免向设计师硬性灌输企业理念
知识培训	系统解决方案＋家装风水	90～120分钟	要请专业的老师讲课，避免把培训会开成企业的宣传会而引起设计师的反感
现场互动	主要以活跃现场气氛为主，如有奖问答、小组有奖比赛	20分钟	各区域市场可根据实际情况自行安排

（四）注意事项

每场家装设计师培训会人数为80～120人，避免人数过多或过少，少于80人，人均分摊成本太高，多于120人，会议效果就会大打折扣。

吃饭时尽可能安排10人一桌，避免让设计师吃自助餐，因为排着长长的队伍等着吃饭会让人觉得有失斯文。

避免在培训会现场过多地谈政策，不要指望一场培训会（联谊会）就能带来生意，这些是在会议结束后的跟进过程中要做的功课。

赠送设计师的礼品要精致实用，不要简单地送一个水杯或者笔记本。

避免会议时间太长。

(五) 设计师培训会阶段指引

设计师培训会阶段指引如表7-3所示。

表7-3　设计师培训会阶段指引

阶段	动作分解	动作要点
前期准备	搜集设计师信息	结合实际情况，整理设计师信息
	信息处理（挑选重点目标设计师并跟进）	参照受邀设计师标准，结合实际情况开展工作，确定目标设计师
	拜访目标设计师	沟通时明确培训内容主题与活动时间，确定受邀设计师参会意向
现场执行	会场选择与布置	参照会场选择与布置标准，可根据实际情况适当调整
	会议时间安排与控制	控制好整个会议的时间，无特殊情况，会议时间尽量控制在2.5小时以内
	现场控制	现场负责人需配合讲师调动与活跃现场气氛
会后跟进	会后跟进计划	会议结束后及时筛选重点设计师，制订跟进回访计划
	会后跟进沟通	沟通内容以建立合作关系为主

■ 家装公司联合推广方案

签订协议。家装公司主要采用全包或部分包的形式，进货渠道符合企业的标准，主推企业产品，并与代理商签订三方协议。

配备专员。与家装公司联合推广产品的代理商必须配备专职的家装推广专员，企业层面也要有专业的主管与辖区内有影响力的连锁家装公司签订家装联合推广协议，并确保企业产品成为家装公司唯一或主推产品。通过制订合理的价格政策、激励机制，开展培训、推广活动，帮助家装公司完成协议任务。

产品供应。为家装公司配备高端产品，体现品牌个性，中、低端产品有一小部分满足投标时的低价需要，但属于非主推的产品，只作为补充产品，产品档次高低结合，形成产品组合优势。

终端形象。为家装公司设计的终端形象要简约、精致，这样既能降低成本，又能显示企业品牌的品位。

■ 家装渠道激励方案

建材家居企业提供给家装公司的激励方案既包括家装公司的销售激励方案，又包括设计师个人的激励方案。因此，在设计家装公司激励方案的时候，要注意以下事项。

（1）设置销售业绩达成奖。为达成一定销量的家装公司发放返利、礼品或者现金，重点奖励家装公司的销售专员。

（2）设置销售之星奖。为激励设计师主推企业产品，对设计师个人给予一定的激励，不要采用一些企业或门店给回扣的方式，而是实实在在做方案，正大光明地奖励大家主推产品，这种效果很好，例如发放销售奖金、合格证等。

附件一： 家装公司三方协议

甲方：××公司

乙方：（家装公司）

丙方：（经销商）

为促进各方合作，保持市场良性发展，保障各方的利益，甲、乙、丙三方本着平等、自愿的原则，达成合作意向并签订本协议，以资三方共同信守执行。

一、总则

1. 本协议有效期自________年________月________日至________年 12 月 31 日，协议期满，经三方协商同意后续签。

2. 甲方同意乙方销售××产品，由丙方作为供货经销商，并执行甲方规定的价格体系，甲、丙双方共同为乙方做好售后服务工作。

3. 乙方的正常销售行为可以获得甲方及丙方的各类促销支持。

二、供货与结算

1. 现甲方指定乙方从丙方处进货，如甲方指定供货渠道有变动，应提前以书面形式通知乙方。乙方不得从丙方以外的其他渠道进货。

2. 乙方从丙方处进货采取________结算方式。

3. 当其中一方终止协议时，丙方接受乙方的退货（如查实有售假、恶意竞争、低价销售、诋毁甲方品牌的行为，则不接受退货）。

4. 当其中一方终止协议时，乙方与丙方的货款在一个月内结算完毕。

5. 乙方为保证业务的正常运作，应保证安全库存，最低安全库存为________万元。

三、质量保证

丙方提供给乙方的产品符合国家检测质量标准。

产品质量实行三包，乙方若遇到产品质量问题，丙方保修、包换、包退，若因使用不当等原因造成的问题，由乙方负责。

四、价格体系及促销执行

1. 价格体系

产品的价格体系如表 7－4 所示。

表 7-4　产品的价格体系

产品	乙方从丙方处进货折扣	丙方零售折扣

注：（1）折扣的标准是公司产品零售价目表，家装公司需区分零售市场产品，主推系列产品等高端产品。

（2）如遇价格调整，甲方、丙方应提前五天书面通知乙方，如甲方降价，丙方会对乙方库存产品进行盘点，调价补差。

2. 月度或季度奖励

月度或季度奖励如表 7-5 所示。

表 7-5　月度或季度奖励

季度	第一季度			第二季度			第三季度			第四季度		
月度	1	2	3	4	5	6	7	8	9	10	11	12
任务额												
月度返点												
季度返点												
年度奖励												

注：（1）月度或季度奖励每月或每季度结算一次，逾期不补，按乙方实际回款额核算。

（2）乙方屡次违反甲方价格规范，扰乱市场，甲方会同丙方有权取消或扣减乙方的月度、季度或年度奖励金额。

（3）乙方必须严格执行甲方制订的市场价格体系，不得低价销售产品。若乙方恶意扰乱价格体系，并造成区域市场价格混乱，甲方有权通知丙方立即停止供货，直至终止协议，所造成的损失，一概由乙方承担。

（5）甲方根据市场的发展状况，会在不同阶段定期举办促销活动，甲方、丙方必须及时知会乙方，乙方必须跟进并协助执行。

五、乙方权利及义务

1. 权利

获得形象支持：乙方免费享有使用公司各种物料，用于展示甲方品牌，宣传甲方产品。

说明：甲方拥有所有甲方提供给乙方的现场展示品、各种宣传资料，及乙方自行制作的带有甲方名称及LOGO的物品、资料的所有权。

获得培训及促销支持：乙方享有参加甲方或乙方组织的各类知识培训和促销活动的权利。

售后服务：完全享受甲方提供的客户服务。

2. 义务

唯一主推：乙方应在同类产品中唯一主推甲方产品。

形象展示：乙方应在其总店及各分店材料展示区域的显眼位置，提供________平方米的展示面积，并按甲方标准建设。

形象维护：乙方应维护甲方的公司和产品形象，保证展示品的清洁、完好，出样完整。

资料使用：乙方应合理利用甲方提供的宣传资料，不得滥用或浪费甲方提供的宣传品和物料。

配合协助：乙方应配合甲方及丙方对乙方的所有设计师、电工、项目经理、采购员及公司相关管理人员开展的产品知识培训等各种活动，以及甲方开展的各种活动。

六、其他约定

1. 培训交流：甲方将不定期向乙方的设计师、电工等推荐者及管理人员提供产品知识、安装技术、管理、市场运作等方面的培训。

2. 市场推广：甲、乙双方经协商，可互在对方的内部刊物、对外宣传资料上做宣传，以扩大双方在终端市场的影响力。

3. 联合推广：甲、乙双方在举行家装联盟推广、家装展会、小区推广，以及举办针对终端消费者的家装知识讲座等推广活动时，均有义务推荐对方的产品和服务，摆放对方展示道具或宣传品。

七、特别说明

出现下列情况之一，甲方有权立即终止本协议，取消乙方销售甲方产品的权利，并在协议终止一个月内收回乙方店内的形象展示品及宣传资料。

1. 不主推甲方产品。

2. 出现诋毁甲方产品的行为，并带来恶劣影响。

3. 售卖假货。

4. 不从甲方指定的丙方处进货。

5. 屡次扰乱甲方制订的价格体系，造成区域市场价格混乱。

6. 不按甲方规定执行终端促销方案，截留促销点数或礼品。

八、其他

1. 本协议履行过程中，如发生纠纷，三方应及时协商解决，协商不成，可向当地法院起诉。

2. 本协议三方签字、盖章后生效，在协议有效期内，三方应认真履行协议。

3. 其他未尽事宜，需三方共同协商解决。

4. 本协议解释权归甲方。

5. 本协议一式三份，甲方、乙方、丙方各执一份。

甲方：	乙方：	丙方：
地址：	地址：	地址：
电话：	电话：	电话：
授权代表：	授权代表：	授权代表：
日期：	日期：	日期：

附件二：办事处家装公司销量统计表

办事处家装公司销量统计表，如表 7－6 所示。

表 7-6　办事处家装公司销量统计表

序号	区域	家装公司名称	联系电话	销售数量	销售金额

填表人：　　　　　　　　　　　　　审核人：

附件三：办事处奖励下发签收表

办事处奖励下发签收表，如表 7-7 所示。

表 7-7　办事处奖励下发签收表

序号	区域	家装公司名称	联系电话	奖品	签收人	备注

填表人：　　　　　　　　　　　　　审核人：

注：（1）以上两个表格各项内容必须真实、完整；经查资料不实，销售部将取消该家装公司的激励方案。

（2）以上统计表必须由办事处经理及办事处财务共同审核签字后生效。

第 8 章　工程渠道的增值营销

第1节　目前的工程市场操作
——关系至上

M做瓷砖生意，平时喜欢结交圈内的朋友，M加入了很多专业的论坛和专业的QQ群，平时除了互相请教技术问题外，还提供生活信息。

在一次聚会上，一个叫“6月雪”的网友谈到他们电力系统下属单位准备改造一家酒店，还告诉M三个关键人物和他们的关系。甲是领导，负责整体规划；乙负责采购；丙负责技术。当天M就打电话拜访乙，幸运的是，这些单位好像平时接触的建材商不多，他们约好见面。

M的策略很简单：这家公司是多人决策的公司，三人中M必须搞定两个人，M选择主攻乙和丙。M在陪乙吃饭的过程中和乙成了朋友，乙向M吐苦水：家里5口人，挤在70平方米的二室一厅中，楼盘价格逐渐上涨，想买房又差几万元。M没有请示领导，拿出包里随时备有的现金，请他收下，一番客气后，他写了借条，收下了钱。后来，乙给了M很多帮助。

丙是一个具有正义感的技术人员，强调技术至上，M的品牌虽然是一线品牌，但这个工程中的精工砖比例较大，M的这类产品比竞争对手的同类产品在耐磨度上稍差一点，这令M很为难。经过了解，丙也是需要钱的人，但以他的性格一定不会接受M的馈赠，M还得另想办法。M打听到他的夫人在电力系统的小学里教数学，电力系统只有初中，没有高中，初中升重点高中竞争很激烈，所以小学和中学的待遇相差五倍。M去初中找校长，说希望捐款，校长非常高兴，夸M大品牌境界高，M提了一个条件，把丙的夫人调来教书。校长本来也想招人，就考察了丙的夫人的能力。一个月后，夫妻俩到校长家里道谢，刚好M也去拜访校长，大家都明白怎么回事却没道破。从此，丙也给了M很多帮助。

电力系统项目在 M 跟进 3 个月后更换了负责人，甲被调走了，k 君负责这个工程。k 君风格和甲不一样，k 君喜欢自己做决定，会否定下属的意见。更头痛的是，k 君和 M 的竞争对手合作过，力推竞争对手的品牌。在上司的高压政策之下，乙和丙逐渐失去话语权。

M 为此大受打击……

我们之所以提供这个案例，是因为在建材市场上，大家的共识就是关系至上。但当做关系成了唯一的操作手段时，供货方就会陷入各种困境。

第 2 节　关系营销的困境

■ 成本迅速提高

“现在做工程投入很大，有的人花了 10 万元可能也没得到好处”，在众多企业一致做关系时，采购方成为“香饽饽”，供货方不惜千金买其一笑。现在，某些材料定品牌前给的红包的“例行行价”已经达到 3 万元了。

■ 采购方变得“刁钻”

采购方在与供货方博弈的过程中，早已不是被动的受引导的对象。工期越长、品牌越大，给采购员下达的任务也越明确——套死供货方。付款条件越来越苛刻，有的采购方提出 90 天付款的条件，逼迫经销商出局，企业介入。结果呢？房地产旺季的时候，采购方信用良好；淡季的时候，就停止给供货方结款。

■ 高调入场，低调退场

很多工程常常出现这种现象：关系很好，最后供货供不上，供货方千道歉万道歉才退出。在酒店工程的个性化物品采购中，常常出现这种现象。供货方销售技巧十足，明星业务员云集，终于取得采购方信赖，然而，很多定制的产品不是拿不出样品，就是样品粗糙，再就是货品和样品存在色差，最后不得不低调出场。

■ “红得早，死得快”

采购方有各种各样的制度和流程，他们在付出代价后培养了一批人才。这些专业买手很清楚以往做过的工程有哪些瑕疵。一个品牌的产品在市场上迅速崛起后，又迅速消失了。在这点上，飞利浦就很慎重，它的无极灯产品价格超过1万元，它的用意很明显，用高价阻止采购方使用这个产品，因为这个产品还不成熟。很多国内产品就死在不成熟上，还有很多产品因为安装中的技术问题解决不了，一传十，十传百，最后被迫退出市场。

■ 企业能力弱化，随时面临解体

长期依赖关系做工程，会导致企业内部结构失衡：业务员居功自傲，难管理；技术人员流动速度快，企业能力下降；企业发展遇到瓶颈——业务员开始“单飞”，自己出去开公司，成为竞争对手；老板忙于内部博弈，苦不堪言。

第3节　工程渠道增值营销原理

基于建材行业的特点，迪智成提出了增值营销模式，在工程领域，增值营销有以下四个要点。

■ 做价值营销，增值增价，做加法

与传统的关系营销不同，该营销模式强调附加在产品上的需求，强调客户整体价值。我们通过关注产品物理属性之外的需求创造价值，形成差异化，实现更高的盈利目标。

■ 更改盈利模式

传统的盈利模式靠产品差价赚钱，实行增值营销后，盈利模式发生了变化，盈利点不再平均分配在所有的产品上，甚至不在产品上，转移到服务上。比如，在设计阶段，更改了采购方的设计方案，采用新产品，采购方获得更多使用价值，供货方获得更多利润；项目中的常规品，坚持竞争性定价原则打击竞争对手；对于大堂水晶灯，重度使用区的地毯来说，定期清洗灯饰和更换没有色差的地毯成为盈利点；基本产品按竞争性定价原则抢单。

■ 增加职能，打造软价值

除了业务外，增值营销还强调软价值。比如，提供更好的最终效果和更低的维护成本的产品，全程跟进，降低从领料到安装过程中的各种损耗和浪费，合理控制数目，减少紧急送货、多次送货、补货事件……帮助采购方在整个过程而非仅在采购环节降低成本。

■ 均衡发展，保持企业稳定

设立技术部门，强化服务职能，鼓励团队作战，保持项目运作水准，避免组织职能堆积在一个部门，为企业的长期发展清除隐患。

第4节　工程渠道增值营销实务

三种不同的企业策略模式

在增值营销模式下，企业不同工程市场的操作重点也不同。如表8-1所示。

表8-1　三种不同的企业策略模式

企业类型	策略模式
生产个性产品的企业	重点发育OEM部，打造独特的产业链
常规产品中的强势品牌	先“洗牌”，再提升软价值
常规产品中的进攻型品牌	选择重点细分市场，提升软价值

对于生产个性产品的企业来说，核心问题是不能生产出采购方需要的产品，采购方需要的个性产品材料覆盖广泛，可能是企业不擅长的；或是造型需要特别工艺，模具成本在采购量上无法分摊成本；或是在提供样品时用的材料批次与制造货品的批次无法统一，而采购方对色差要求非常严格……这种企业要盘活自己和上游产业的产业链，而上游企业往往是规模实力比自己强很多倍的企业。比如，装饰灯的制造企业面临的问题：电镀企业是有污染的，国家控制其数量，发放特殊执照。对于电镀品质高的企业来说，灯饰厂的订单根本不算什么，又麻烦又没产量，价格又接受不了，很容易中断合作。所以，这类企业要重点发育OEM部，扩大规模打造独特的产业链，在市场上取得竞争优势——能供齐货，稳定供货。

生产常规产品的企业分为两种，一种是强势企业，一种是进攻型企业。强势企业要分两步走：第一步要先“洗牌”，自己是工程市场上的强势品牌，要在这个时期发动价格战，抢占竞争对手的市场份额。现在很多行业的强势品牌都在“洗牌”，很多省级代理商在核心城市几乎取消了一级、二级经销商，自己招聘大批业务员，密集公关、低价竞争，用短渠道、低利润方式取得强势地位，远远甩开竞争对手；第二步要在比竞争对手大几个数量级的规模上导入增值营销模式，提升软价值，效果显著。

对于常规产品中的进攻型品牌绝不能和强势品牌正面冲突，要从小订单开始，从优势产品开始，从优势行业客户开始，选择重点细分市场，配合增值营销的手法，提升软价值，用不了几年时间，就可以彻底攻破强势品牌的堡垒。当实力不断增强，明显超过强势品牌时才可以决战。

■ 与经销商合谋市场

和做家居零售业务的企业不同，做工程品牌的企业往往采取省代制。省代扮演三个角色：一是资金平台，二是物流平台，三是行业开拓平台。但是在品牌运作到一定规模时，企业往往凭直觉认为省代尾大不掉，不太听话，实际上是省代在这个阶段不能扮演第三个角色，他们遇到了管理和技术上的双重瓶颈。

在经过市场“洗牌”后，如果要导入增值营销模式，企业必须做出正确的选择。自己投入资源打造技术和服务体系，全力帮助省代抢单，并在全国复制，拥有完整的队伍、技术、制度后，逐项移交给省代，开拓平台的角色再次由省代承担。

■ 建立大客户系统，跟踪重点行业

企业要承担开拓平台的角色，首先要建立一个暂且称为大客户管理系统的销售平台，希望每个员工都能跟着这个系统往前走。企业在这个阶段都不希望销售人员长时间等待，突然接到一个大订单，而是希望可持续发展，每个月的收获都是稳定的。一个最明显的变化就是客户经理更关注过程的管理和控制，“从年度考核变成季度考核，甚至是每月、每周的考核”。每个客户经理都要管理很多重点客户，其中前20名客户需要他们在一个季度内必须亲自跟踪，更重要的是根据客户的不同需求，结合品牌对该客户的渗透度，分门别类地管理大客户，对不同类型的客户应采取不同的营销策略，以实现资源优化配置和回报最大化。

■ 强化三大部门：强化OEM部，强化设计部，强化工程服务部

最细致的工作是成立并建设好这三大部门。部门建设的顺序、步骤非常重要。首先，建队伍，将部门的骨架搭起来；其次，将初期的工作任务设定为重点市场开发或重点客户发展。否则，这几个新部门还处在发育阶段就被杂乱的工作压垮了。最后，明确这几个部门的工作内容是什么？用什么方法管理？

（一）OEM部

这个部门是生产个性产品企业的生命线，通常由企业的核心人员组成，再招聘一些跨行业的专家。他们的工作如下。

（1）找到并筛选常见材料或工艺的供货商；

（2）通过合作打造自己的供应链；

（3）日常关系维护；

（4）对供货商资源进行档案管理；

（5）形成合作体系。

对这个部门的管理要切记“新木桶原理”——接的水比漏的水多，不要搞规范化管理。只要能开通这条供应链，符合企业的产品要求和交货期就可以了，对不良行为要有足够的容忍度，允许一定的灰度空间存在。

后期的工作重点是利用各种方法提高销量，用一定的规模养活这条供应链。

（二）设计部、工程服务部

这两个部门处于开拓期，管理方式同 OEM 部差不多，关注这两个部门需要发育的机能。

（1）挖掘客户需求。客户要买的产品和采购指标是表面需求，客户遇到的问题才是深层次的潜在需求，如果问题不严重或者不急迫，客户是不会花钱的。因此，潜在需求就是解决客户的燃眉之急，这是营销的核心出发点。潜在需求决定表面需求，客户更关心现在的需求，引导客户采购并说服客户采购产品很重要。

（2）招标条件。向客户介绍产品类别知识，影响其确定“重要”的采购指标，使其将我们的产品列入采购指标并确定竞标的形式，安排较长的叙标时间说明我们的强项，弱项方面可以调低价格弥补。

（3）提供全面的增值方案。比如，更舒适的最终使用感受，使用耗电量最低，维护成本最低等。

（4）完善仓储领用环节。工程中经常出现找不到东西，领用量和安装量不符，无规律、高频度补货等问题。

（5）辅导安装。培训施工人员，他们常常不知道如何把小的 LED 嵌入大理石等，帮他们调整角度，调试配套的控制系统。

（6）产品日常使用、维护培训。

第 9 章　新兴渠道的增值营销

第 1 节　诱人的新兴渠道有哪些

■ 网络团购

网络团购是具有一定经济基础的年轻一族将日益发达的互联网作为主要消费渠道，使互不相识的消费者联合成一个具有共同利益的团队，集体与商家议价、维权的消费新方式。中国人相信“人多力量大”“团结就是力量”，因此，在购房、购车、购买家电、采购装修材料、按揭保险、出游等大项支出中，越来越多的人喜欢通过互联网或其他途径组织起来，集体与商家议价、维权。这不仅在一定程度上改善了消费者的相对弱势地位，还从某种程度上改善了消费者与商家在法律、专业信息等方面不对等的情况。

目前，网络团购的主力军是年龄 25 ~ 35 岁的年轻群体，网络团购在北京、上海、深圳等大城市十分普遍。

我们在实践中了解到，网络团购可以进一步提高品牌的知名度。互联网已经成为继电视、报纸之后的最大的媒体，借助互联网的力量推广产品对任何品牌都有利。企业与网站合作做团购活动的营销费用很低，这也是很多企业选择发展团购渠道的原因之一。

■ 房展会营销

房展会营销就是以房展会为依托，提前与潜在目标客户接触，通过订单折扣预售、保存客户信息、展会后拜访等形式，最终完成交易的过程。

我国正处于经济社会发展的关键时期，金融危机使房地产发展受到较大影响。在这样的背景下，未来几年，保增长、扩内需、重民生、求稳定成为我国经济建设的主基调。加快住房流通、鼓励居民住房消费、搭建展销平台、为群众提供购房便利、在各地区举办房展会，成为房地产开发公司的主要工作。

建材行业自然不会错过这个千载难逢的好机会，建材企业与房地产开发公司同台竞技，集买房、装修、购材料、赏新产品、听讲座、团购于一体，给购房者带来全新的体验，精彩的活动及大幅度的促销让利让消费者节省了不少装修费。主材代金券、部分特价、全部产品有大幅度折扣优惠，企业也获得了满意的销量。

现在的一、二级市场中，每年两次的房展会是建材行业销售产品的良机，消费者已经习惯在房展会下单，享受折扣价。我们的一个客户，在宁波的房展会上每次投入 30 万元，可拿到 400 万元的订单。

■ 电视直销

电视购物的前身是电视媒体在“垃圾”时间段播放长篇幅广告，如今已经发展成为独立的栏目，甚至是独立的电视频道，成为非常有效的营销渠道。

在国外，电视购物已经成为消费者购买产品的主流渠道之一。在国内，电视购物发展了十余年，消费者对这种新生事物的接受程度逐渐提高，先后涌现出了大批电视购物巨头，七星购物在香港上市等利好消息，催生了更多的电视购物公司。我国电视购物的总体营业额已逾千亿元，电视购物已经成为迅速提高产品知名度和销量的最有效的途径之一。

电视购物公司通过电视将产品信息或促销信息向大众传播，消费者只需要拨打电话或通过互联网订购产品，就可以等待送货上门。这种购物方式为消费者创造和提供了方便的消费平台，使得普及率很高的电话成了设立在各家各户的销售网点。建材行业极少有企业做电视购物的尝试性市场开发，这与建材行业产品标准化程度有关，电视购物产品绝大多数是标准化程度很高的产品，建材行业要开发电视购物渠道，在产品选择上应该多下工夫。消费者对于建材产品的安装服务要求较高，同时缺乏自己动手安装的专业能力，电视购物渠道的开发，要求在产品的区域市场操作平台上有相应的配合电视直销渠道的安装服务。

第2节　为什么要开拓新兴渠道

■ 抢占细分市场，打击竞争对手

对建材行业的主流品牌来说，需求特征相对稳定，产品拥有较大的差异化空间可能性不大。这时候，拉大与竞争对手的市场份额差距是第一目标，多占领一些市场份额，竞争对手就少一些市场份额。走出市场，将细分市场一个一个地拿下具有绝对意义，特别是网络团购、房展会营销等渠道，可以帮助企业直接提高市场占有率。

■ 作为主要渠道的补充渠道，实现多渠道、多功能协同运作

主流品牌面临扩大市场规模速度缓慢、盈利能力下降等问题。扩大规模使管理质量下降、固定费用增加、竞争驱动返利等流动成本增加，导致单客成本上升，企业几乎无利可图。在这种情况下，选择立体渠道构建方式是一个不错的选择——有的渠道树立形象、有的渠道获取利润、有的渠道跑量，多功能协同运作的渠道能简化分工、降低成本。

■ 利用先发优势，单点突破市场

对攻击性品牌来说，发现并占有利基渠道是不错的选择，新兴渠道的出现给企业带来了机会，有利于攻击性品牌取得先发优势。以国内手机行业为例，很多手机品牌就是靠电视购物渠道存活下来的，而同期选择和洋品牌打终端战、品牌战、功能战的国内手机品牌几乎全军覆没。

第 3 节　开拓新兴渠道遇到的困难

■ 组织瓶颈

建材企业都是抓住巨大的市场机会才快速成长起来的，没有机会发育组织，也没有企业有靠组织运作的意愿，都有垄断市场资源、靠模式快速突破的想法。企业连传统的五大渠道都没有做透，全国落差很大，有效的方法无法复制到全国，对这些新兴渠道的运作，则是心有余而力不足。一句话，没有人去做，没有队伍去有计划地开拓和管理新兴渠道。

即便是有机会进入新兴渠道，很多企业不根据自身实际情况“仓促上马”或缺乏经验，新兴渠道操作也很难成功。没有组织方案和有规划的组织资源的支撑也是新兴渠道操作难的重要原因。

此外，由于新兴渠道的特殊性，企业无法像运作其他渠道那样以产品、品牌区分，导致区域团购市场渠道混乱、渠道成员之间利益冲突不断。

■ 没意识到可以大规模运作

我们曾有一个做瓷砖生意的客户，在行业内赫赫有名。当时他在宁波房展会上摸索出了好方法，利用每年两次的房展会，可以完成年度任务的 35%。但是，总部不认为这条渠道值得大规模运作，就当成个案处理了。

具备战略发展眼光的企业利用产品标准化程度高的先天优势，已经在新兴渠道上有所收获。

2007 年，方太在提高网络团购销售业绩的同时，筛选了几家规模大、操作规范的网络公司。确定了首批合作的网站有上海团购网、搜房网和上海建材装饰网，第二批合作的网站也有四五个，基本上满足了方太在上海及华东五市为消费者提供网络团购服务的需求。方太将2007年团购的目标销售额定在500万元左右，几乎占本品牌在上海整个市场近5%的份额。由此可见，团购市场生机勃勃，方太对网络团购很重视。

■ 没有运作经验

建材企业对新渠道的渴求不大，认为没有运作经验就不去运作，非常可惜。目前，很多品牌为了显示自己对网络团购的重视，宣称其产品是为了这个渠道专门设计和定制生产的。其实，以目前网络团购的销量，一般品牌是没有能力为其专门研发产品的。有的企业所谓专供网络团购的指定产品，只是在一些小型加工厂通过贴牌形式生产的。

企业需要对消费者负责，提供给网络团购消费者的产品，应该是经过市场检验的、成熟的、稳定的产品，盲目地将一些不成熟的产品在互联网上销售，不但对消费不负责任，而且还会影响品牌的美誉度。

第4节　新兴渠道运作实务

■ 网络团购

（一）网络团购的发展

B2B网络营销已经成为我国企业开展日常经营活动的基本渠道和工具。2006年，我国中小企业B2B交易额为11.6万亿元，占B2B总体交易额的55.8%。2007年第一季度，房产类网络广告投放费用为11947万元，比去年同期增长27.8%。

中国最早出现的团购是企业为了降低成本而集合所有子公司采购产品。经过几年的不断发展，团购的概念发生了变化。

由业内有影响力的个人或专业的团购服务公司（团购网站）召集，将有意向购买同一款产品的消费者组织起来，向企业或总代理商采购，在保证质量的前提下，获得超低价格和服务保障；也可自发组织团购，在网站上发布产品信息。

团购形式有以下三种。

第一种，自发组织的团购，就是购买者本身为了能够以较低的价格购买到产品而组织的团购。

第二种，公司行为的团购，就是具有团购性质的公司，即供应商有少许利润，组织者有微薄利润，而参与者能够在供应商保证产品品质的情况下拿到比市场价低的产品。

第三种，通过互联网组织的团购。

根据团购的人数和订购产品的数量，消费者一般能得到 5% ~40% 的优惠。

（二）企业对网络团购的态度

1. 市场份额的压力

面对购买群体，企业之所以愿意降价，不仅是为了提高销量抢占市场份额，还为了宣传品牌，一般会给购买群体一定程度的优惠，实现某种意义上的双赢。

2. 低营销成本的诱惑

企业通过自建网站或者在专业商城上开网店，没有实体店的运营成本高，还能聚集人气，面对唾手可得的市场份额，很难拒绝大订单的诱惑，不得不降价。

3. 新模式的探索性尝试

网络团购可以加快产品的流转速度，减少库存，一旦在网友中有了人气、信誉和口碑，线下渠道也会随之发展。

（三）有效开展企业网络团购营销

1. 适合的产品

结合网络团购的要求和消费者特点，推出合适的团购产品或者产品组合是网络团购营销体系建设者考虑的重要问题，有关产品或者产品组合的选择主要参考以下因素。

（1）具有较高的品牌知名度；

（2）占有较大的市场份额；

（3）多次获奖的产品；

（4）属于行业龙头或业内领先者；

（5）服务体系完善，售后服务良好；

（6）产品质量稳定，经得起时间的检验；

（7）产品最好能与线下渠道形成区隔；

（8）能提供完整的企业和产品信息，包括执照、准产证、合格证、检验报告、获奖证明等。

2. 适合的网络渠道

选择比较成熟、规模较大的网站合作。很多企业在发现网络团购这座金矿之后，都想一试身手，其中不乏一些机会主义者。他们的动机只是为了在短时间内赚更多钱，并不重视建立自己的品牌和规范操作市场。因此，企业在选择合作网站的时候一定要考察其规模和操作方式，除了给品牌带来销量以外，各个团购网站最好能呈现出不同的特色，能够给企业带来一些新的思路和新的市场。

服务水平稳定。企业在做网络团购的时候，不能因为网络团购的虚拟性而降低配套服务水平，相反，要在服务上做更多、更细致的工作。

主渠道的补充定位。网络团购的产品价格更低，尽管网络团购还不是主流的消费模式，但它具有的潜力已逐渐显露出来。企业既要看到网络团购的前景，给企业带来的机会，又要认识到网络团购只是补充渠道，切不可做一些不切合实际的投入，或者希望销量很大。企业一定要做出自己的特色和风格，避免同类品牌之间的同质化竞争，也要避免团购渠道与传统渠道的冲突。

■ 电视购物

（一）模式介绍

据专项调查显示，76.57% 的被访者在半年内看过电视购物节目，但近 50% 的人看一眼就换台，39.16% 的人只看一小部分节目。在看过电视购物节目的受访者中，只有 10.53% 的人有购买行为，平均每次购买花费为 1396 元。

对企业来说，电视购物渠道无需花费高额的成本，达到了节约成本、缩短销售周期、提高资金周转率的目的。对消费者来说，这种在娱乐中消费的方式既节省了付款、开发票的等候时间，又节省了花费在路上的时间。

不管能卖出多少产品，关键是电视购物有强大的广告宣传作用，这对很多非品牌、非知名企业来说，具有一战成名的巨大吸引力！所以，从模式的可操作性来看，只要有足够的卖点就可以考虑电视购物的操作模式，就现在的电视购物的产品来看，奇特、新颖、低价的产品并不多。

（二）渠道合作模式选择

就电视购物的渠道合作模式而言，合作的目标对象一般有两个渠道合作模式可供选择。一是电视台的电视购物频道，二是传媒公司的电视购物渠道。

1. 电视台的电视购物频道

货款结算。结算方式为预先铺货，一般不先付款，而且电视购物频道方要求的折扣很大，售后结账，滞销退货。一般需要资金回笼周期，严格确定购销合同，明确结账周期，适合分公司或者办事处采用此模式，中间代理商或者分销商要慎重选择这种模式，结合自己的实力适当运作该渠道。

费用分摊。在合作中，各环节费用都需要供货方承担，节目拍摄上的费用由供货方承担或者双方共同承担。

2. 传媒公司的电视购物渠道

传媒公司要么拥有电视台固定资源或广告资源，要么是跟各个地区的电视购物频道长期合作，是市场投放、商业谈判和电视购物运营的行业老手，除了不生产产品，其他环节资源丰富，操作能力强。首先，传媒公司可以为企业量身定制一个风行天下的广告片，企业有广告片，但在传媒行家眼里未必是能卖货的片子。目前，电视台的兜售式电视购物方式，既不能形成品牌效应，又不能激发消费者的购买欲望。而电视购物传媒公司，比电视台购物频道更贴近市场，更懂得电视购物的模式运作和市场运营。

进货、出货都交由这些专业的电视购物传媒公司运作，它们不会要你大量供货做风险抵押，它们更像是市场先遣队和一线销售团队，任何情报都会立即传到企业的仓库管理处。虽然仍然采取先货后款的方式，但是它们与电视购物频道不一样，电视购物频道有一点困难就中断合作，传媒公司是靠卖货拿利润的，会主动联系全国所有的电视购物频道。一个电视购物传媒公司有一百多个电视购物频道的合作资源，这使它们能够灵活控制调配货物的进出风险。

（三）电视购物的操作实务

1. 录制环境

为增强产品使用功能的效果，在节目制作方面，可以考虑将现场设置在一个时尚感非常强的房间内，让节目主持人和家庭主妇坐在客厅的沙发上或在卧室、卫生间沟通、讨论，演示产品的使用功能、使用方法、优势等。我想，这样的节目效果要比在演播大厅里面录制的节目效果好一些，更容易说服、打动消费者，情景化的体验感也更强。

2. 产品背景

产品展区的背景要根据产品及品牌的特性布置，最好能够植入生产企业的品牌特色。当然，使用品牌 VI 和终端卖场的统一形象布置产品展区更好，这就相当于把这个品牌的专卖店搬到了电视屏幕上，这样更容易获得消费者的认可。

3. 节目穿插

在电视购物节目中适当穿插一些其他内容。任何事情和行为都有一个度，为此，我们建议，在电视购物节目中适当加入一些与该品牌、该产品有关的内容，如播放产品广告片、与现场观众互动、与电视机前观众互动等。另外，当观众感到疲劳的时候，在演播大厅的产品展区前跳一段现代舞也不失为调节气氛的好方法。

各企业的产品广告片都是花重金拍摄的，无论是从视觉效果还是内涵展示方面都有一定的观赏性，穿插播放广告片，可在适当减缓观众视觉疲劳的同时，给他们遐想的空间，能得到意想不到的效果。另外，与现场观众互动则是为了让电视机前的观众看到、听到，现场已经有观众提出了他们心中的疑虑，而那些所谓的疑虑根本就不存在或是可以解决。至于舞蹈表演，纯粹是为了活跃现场气氛，但只要镜头不离开产品展区，对整个节目的影响就不大。

4. 观众互动

在现有的电视购物节目里，当节目进行到与电视机前的观众互动的环节，主持人除了使用一些具有煽动性的话语引导观众购买外，就没有其他办法了。我们建议考虑采用手机短信及来电号码抽奖、限量优惠、电话回答问题有奖等方式，在增强整个制作节目的娱乐性、趣味性的同时，大大提高电视机前观众的参与积极性。

5. 看得到的实在

这是一个不得不谈的问题，以前的电视购物曾经深深伤害了不少消费者的心，这主要体现在以前的部分保健品、药品、保健器材和减肥用品等品类产品上，这些产品要么为了高额暴利，要么夸大效果欺骗消费者。随着电视购物操作越来越规范，电视购物公司也将电视直销的产品逐渐转向了正规的产品，现在电视购物节目中的产品大多数是消费者日常生活中能够看得见、用得着的东西，电视购物也逐渐成了“电视百货商店”。但是，对于部分消费者而言，他们还是有疑虑，为此，在播出该产品电视购物节目的同时，穿插一些同类产品的实物和价格比较环节，让消费者看到实实在在的优惠，让他们对比一下。换句话说，电视购物推广的产品要有可比性。

6. 培训

做电视购物节目真的不需要培训吗？大多数操作电视购物渠道的企业代表几乎将全部精力放在了与节目制作导演和主持人的沟通上，忽视了另外一个群体，那就是呼叫中心的接线员。殊不知，这些接线员也要接受培训，如果条件允许，就把这些接线员当成自己的导购员培训产品知识，即便是条件不允许，也要让这些接线员提前看一遍已经录制好的节目，了解节目中有关产品的信息，以免这些接线员在回答观众的问题时出现不一致的情况。有些观众好不容易在电话占线忙音中“杀出一条血路”，与接线员通话了，却因为接线员的回答失误，失去了交易机会。

7. 回访消费者

不但要回访那些已经购买了产品的消费者，而且还要回访那些曾经打进电话却没有购买产品的潜在消费者。我曾以消费者的身份打过电视购物的销售热线，告知接线员有意向购买产品但需要考虑，此后，不管是电视购物公司还是生产企业都没有联系过我。所以，操作电视购物的企业代表，要重视电话回访工作，如电视购物公司没有回访的相关规定，企业就要想办法从电视购物呼叫中心把那些打进呼叫中心的电话记录拿到手，自己组织人员回访。产品卖出去以后，至少要回访三次。

一是询问消费者是否收到产品，产品是否完好；

二是询问消费者产品的使用效果，并给予指导；

三是询问消费者是否打算继续购买产品，如果不买，理由是什么，以便我们改进产品或者服务。

8. 售后服务

据调查，消费者反映电视购物最大的问题就是售后服务质量太差，与其说服务质量太差不如说几乎没有服务。到现在为止，还没有哪个电视购物公司很好地解决了这个问题，企业要尽自己最大能力把电视购物渠道产生的售后服务问题解决好，只有这样，企业才能为自己换来持续增长的销量。

9. 宣传预热

电视购物公司一般都有自己的宣传刊物，这些刊物都有固定的客户群。所以，要想让节目有非常好的宣传效果，在节目播出前，在这些刊物上适当地放一些产品广告、促销优惠，以及节目的具体播出时间等信息，也不失为一个好办法。

10. 播出频率

我建议最好采用“商务通”式的高密度轰炸与播出方式，节目的播出频率起码是两天播出一次，那些一周或者半个月才能有一次“露脸”机会的产品及品牌，是远远不能达到预期的宣传效果的。现在，随着电视购物公司操作的规范化，节目的覆盖率和目标消费群体也大大增加了，做好电视购物销售渠道，对市场拓展有益。现实也证实了电视购物的威力，从零到第一，“好记星”就是凭借电视购物实现了自己的销售神话。

11. 播出时间的选择

要根据目标消费群体的特点选择节目的播出时间，不要任凭电视购物公司安排节目播出时间。收看电视购物节目的观众以女性和老年人为主，这两类群体的生活习惯完全不同，即便是女性群体，她们的生活方式也有较大差异。所以，在确定电视购物节目播出时间的时候，一定要考虑目标消费群体的生活习惯。

年轻女性喜欢睡懒觉，所以，年轻时尚类产品不适合在上午 10 点以前播出。已婚女性在饭前、饭后没有时间看节目，晚上黄金时段的电视剧也会吸引家庭中大多数人的眼球。对老年人来说，他们晚上睡得比较早，但有早起锻炼身体的习惯，所以，针对老年目标消费群体的节目适合安排在上午播出。

第 10 章　建材行业的增值服务

第1节　服务将成为建材行业的下一个营销突破口

■ 建材产品的特点与趋势决定了服务能促进销售

在中国的家装市场上，家庭自主装修的习俗会一直延续下去。在这种家庭装修模式下，消费者必须自己挑选各类建材产品而非直接住进精装修房子。那么，对消费者来说，在一个不算太长的装修时间内，要了解五花八门的建材产品，同时还要了解其使用、挑选、保养等一系列知识，在这种情况下，附加在产品上的各种无形的服务就变得很重要了。

越是主材，越需要加工的建材产品，服务越重要。以陶瓷瓷砖产品为例，除了常规的选型、送货外，还需要配色、切割、铺贴管理、前期保养等服务。在这个行业中，服务环节引发的事故是产品问题引发事故的6倍，而在网络时代和“三高”消费者的推动下，负面消息在互联网上和社交圈中引发了一连串的反应。所以，服务最容易带来负面影响，也最容易带来正面影响，在服务方面具有竞争优势的企业最终会取得较大的市场份额。

■ 服务是继大店模式后的又一个突破点

既然服务是促进销售的强有力的工具，为什么大家现在没有看到通过服务做营销成功的案例呢？一是难，服务虽好，却不容易做好。二是有其他手段能更快地提升销量。

很多建材品牌，比如，TOTO、箭牌、马可波罗、欧普照明、欧派橱柜，依靠硬件投入快速树立品牌形象，抢占市场份额，获得了成功。整个建材行业，几乎将终端营销做到了极致，以马可波罗的大店模式为代表，一家店租金可以达到1000万元/年，装修投入费用1000

万元。在大店模式成功后，建材各个子行业也纷纷升级自己的专卖店、店中店，变成旗舰店、体验店、至尊店。不过，看到目前硬件拉动销量的辉煌，很多营销总监自己心知肚明：这条路已经走到尽头了，需要寻找其他方式，提升服务就是一个不错的选择。

■ 垄断硬件阶段过后，建材行业未来的竞争焦点一定是服务

目前，建材城的数量不断增加，单店的客流量逐年减少，单位面积的租金却逐年增加，这样的环境决定了各个店铺不惜血本争夺客源。建形象店，让设计师引导消费者直接选定自己经营的品牌，促销活动越来越频繁……当同质化营销手段被多家店铺采用后，消费者对此麻木了，有促销活动是应该的，没有促销活动就不买产品。

消费者目前最希望的是提升服务质量，未来哪家的服务好，消费者就会选择哪家购买产品。

第 2 节　建材行业服务的误区

在咨询服务、培训过程中，客户提出要求："你们帮帮忙吧，现在投诉多，消费者对我们服务的意见大。我们怎样才能管理好前线人员，让他们给客户提供更好的服务呢？""服务？对，我们现在的服务质量低，你们要通过培训让销售人员意识到服务的重要性。不然，给他们编个手册，让他们注意细节。细节决定成败。"

面对这个问题，我们总结了建材行业服务的三大误区。

(1) 服务差是因为服务意识不强；

(2) 服务是前线人员的事；

(3) 服务是成本。

总体来说，提升服务需要关注氛围、流程、人员三大要素，强调"软实力"。它同营销一样，是一项系统工程，需要在策略上核定每个阶段需要的服务项目和服务标准，在此基础上探索、固化、优化的过

程，再根据工作设计工作岗位、确定工种数量、确定核心流程，最后匹配激励办法，形成组织文化。

第3节　建材行业服务的5大趋势

■ 趋势一：服务规范化

目前，企业的服务质量起伏大、稳定性差，随着员工的转岗或流失，优秀的服务项目就会中断。未来的服务在战略上要作为促进销售甚至是增值的手段，那么，企业就要培训员工，要求员工保证服务质量。

■ 趋势二：服务品牌化

“全程无忧”这样的服务品牌早就被家电企业采用并取得了不错的效果，建材产品的参与度远远超过家电产品，在这种背景下，建材行业很快就会出现服务品牌。另外，由于建材行业擅长单点突破，善于做到极致，在把终端形象建设做到极致后，服务品牌一定会成为行业的标杆。

■ 趋势三：全产业链服务

对企业来说，服务不会只针对消费者，还包括设计师、施工人员、代理商。对消费者的服务有促销的功能，而对产业链上的相关者的服务则有“促通”的功能。这就需要企业的各个部门与这些环节上的人士对接，全面提升他们的能力。

■ 趋势四：由售卖环节向制造环节渗透

建材企业的服务一定是先做好售后环节，再做好售前环节和售中环节。对于建材行业来说，这种思维显然不符合企业的单点突破思维，既然选择了以服务增值、以服务促进销量，就不要将服务局限在终端，局限在售卖环节，必须将服务向前端延伸。其实，宜家的产品有一定的借鉴意义：设计环节考虑环保体验，运输环节帮消费者省钱。苹果电脑的生产环节也有借鉴意义：元件易换，维修时打开机箱，习惯电线缠绕的消费者面对整洁易修的机箱，瞬间被征服……

■ 趋势五：服务与电子商务结合

企业的服务不可避免地要和电子商务结合在一起。消费者习惯在论坛上抱怨，习惯在论坛上晒“新居”。互联网影响力巨大：在北京，每 5 罐婴儿奶粉中就有 2 罐是从母婴电子商务网站卖出的。

第 4 节　建材行业的服务实务

■ 售前服务

“洋品牌”的奶粉靠售前服务打败集中兵力于终端的国产奶粉，相对于国产奶粉通过广告和价格优势笼络消费者，洋奶粉更精于用服务攻“心”。很多进口品牌奶粉通过服务营销策略为消费者提供较高的品牌综合价值，如教消费者如何选择更适合宝宝的奶粉，讲授一些育儿知识，邀请他们参加亲子活动等。通过服务让消费者做出判断和选择，既教育了消费者，又在消费者心目中树立了良好的品牌形象，最终带动业绩增长。

惠氏的营养顾问每天不断给全国各地的准妈妈打电话，表面是做一些育儿指导，销售奶粉、扩大惠氏知名度才是他们的真正目的；雅培制作了“孕妇周期表”和“儿童成长周期表”等精美小礼品。奶粉和其他消费品不同，具有家庭投资性质，事关孩子成长，父母不愿冒险，所以，宁愿选择这些品牌形象和口碑更好的洋奶粉。

在保健品行业，也有这样的例子。某公司出资兴建了青岛崂山养生院和济南五峰山养生院。养生院的选址优先考虑环境优美、远离闹市、阳光充足、水质极佳的风景名胜地。养生院为广大养生者提供了齐备的硬件设施的同时，给每位养生者配备专业的养生助理师、专业营养师、运动指导师等，并开设生态养生健康课堂，由知名的专家、教授亲自授课，提供心理调节、科学起居等专业咨询，向入住养生院的老年人传授健康理念，帮助他们养成健康的生活方式。

在养生院养生的老人对这种全新的服务方式感到既新鲜又满意。济南网通退休干部孙老先生说：“自从我来到养生院后，学到了健康的生活方式、转变了观念，也知道了以前我在日常饮食、运动等方面有很多错误认识。以前，我每年的医疗费用基本在五千元以上，遇到大病，医疗费用就更多了。我自从按照生态养生的六大方法规范日常的饮食起居，并适当服用一些功能性保健食品后，就没去过医院。”

马可波罗在自己的至尊店内开设了小型的陶瓷博物馆和陶瓷学院，每个周末都有小学生在博物馆里学习陶艺，有家装公司在博物馆里介绍家装知识。

除了上述这些大手笔的售前服务外，基本功也很重要。

（一）以真诚的态度指导消费者

很多消费者都是外行，对建材知识了解很少。企业为了满足不同类型的消费者的需求，推出了不同的新产品，各种产品的功能和用途都不相同。消费者在选择产品时需要细心的指导、真诚的关怀和人性化的体贴服务。终端前台、客户服务热线、大客户经理都要做好咨询工作，要让消费者了解哪种产品更适合自己，这么做能抓住很多潜在消费者的心。

（二）家装顾问咨询

家装顾问咨询就是向消费者提供免费的咨询服务，消除其购买产品时的种种疑虑，在消费者不熟悉环境的情况下，引导消费者。店面是为消费者提供服务的直接场所，尤其在每月的业务高峰期，前台的工作量会在短时间内剧增，消费者进店后，如果没有见到上次为他服务的设计师，就要耐心向另外一名服务人员讲解需求，久而久之，消费者的满意度就会下降。导购员可以为着急的消费者找到上次为他服务的设计师，一方面可以为消费者提供咨询服务，另一方面可以缓解消费者因等待而产生的急躁情绪。

（三）宣传明晰化

在宣传新推出的政策和优惠活动时，宣传说明要明晰化、通俗化，让消费者能够直接了解新的促销内容，避免因宣传资料叙述不清，而给前台和客户服务热线带来咨询量剧增的压力。

（四）为潜在消费者提供方便或实惠

大客户是重点，有的品牌在做宣传时，习惯停留于纸质宣传，如果在有条件的终端广泛采用实物演示，加上家装顾问的热情讲解，不但能让广大消费者更清楚地了解感兴趣的产品，而且还能激发潜在消费者使用和购买产品的欲望。

■ 售中服务

售中服务要专业，具体如下。

（一）接待

接待环节很容易被忽略，或者过于追求表面上的礼仪，比如，要说“欢迎光临”，微笑时要露几颗牙齿等。建材行业接待的消费者通常都是多次光顾的消费者，都是有明确的待解决困惑与问题的消费者。所以，建材门店要注意以下事项。

一是专人接待。要达到酒店的服务标准，消费者进门就要让上次接待他的员工接待，而且要说出他姓什么，表示对他的尊重。对于更大的门店来说，可以将促销和迎接结合起来，为消费者设计一个登门有奖的活动，一次性给他 3 张有编号的卡片，每次来时给店员一张不同颜色的卡片，来得次数越多，得到的礼品越好。这样，配合电脑上的接待记录，再旺的门店，即使固定的接待人员休假，也能很快知道上次的沟通结果。

二是接待其随行人员。现在的门店都提供玩具给小孩玩，为其朋友提供果盘，让消费者轻松选购产品。

三是介绍语言。除了礼仪和切入时间外，接待中需要对上次的接待人员不在店中表示歉意，并介绍这次由自己代替他服务，谦虚地叙述一下自己掌握的信息，得到消费者的认可后帮助消费者继续挑选产品。

（二）选款

选款环节的工作最多，需要配合实物道具或三维的展示工具，加上驻店设计师，帮助消费者了解自己的装修风格和主要物品的花色，从而在同种风格的产品中选出合适的花色、价位的产品。这个环节可以制造出不同的体验，情景展示是一个好方法，但是，在门店面积有限的情况下，用电脑和工具也可以给消费者带来新的体验。

（三）计算

对于瓷砖这类建材产品来说，计算单价比较复杂。有时，经过半小时的计算，消费者发现超出了预算，于是又重新改花色、定型号、选择切割方式……这个过程通常令消费者很烦躁。像至尊店这类终端，可以设专岗，将计算价格的环节拆分出来，在电子表格上做好公式，分别计算基础砖用量和价格，花片、腰线的用量和价格，切割的价格，填缝剂等辅材的价格，这样的流程和工种设计能给消费者带来惊喜。

（四）开单

单子需要用打印机打印出来，明确折扣，单价一目了然。

（五）交付

交付环节对有些建材产品来说也是区分专业程度的一个关键点。比如，118 型的开关需要用散件拼装，时间的长短、质量的好坏、手工包装都能体现品牌的差异和专业水平。

（六）说明

说明环节体现的是关心，导购员在消费者完成购物后，将安装、维护等知识告诉消费者，有的品牌在这个环节设计了便于携带的工具——光盘、画册等，并提供服务电话，期待给消费者带来新的服务体验。

■ 售后服务

以瓷砖产品为例，售后服务有三个重要环节：配送、指导铺贴、处理投诉。

（一）配送

1. 配送整体流程

配送整体流程如表 10－1 所示。

表 10－1 配送整体流程

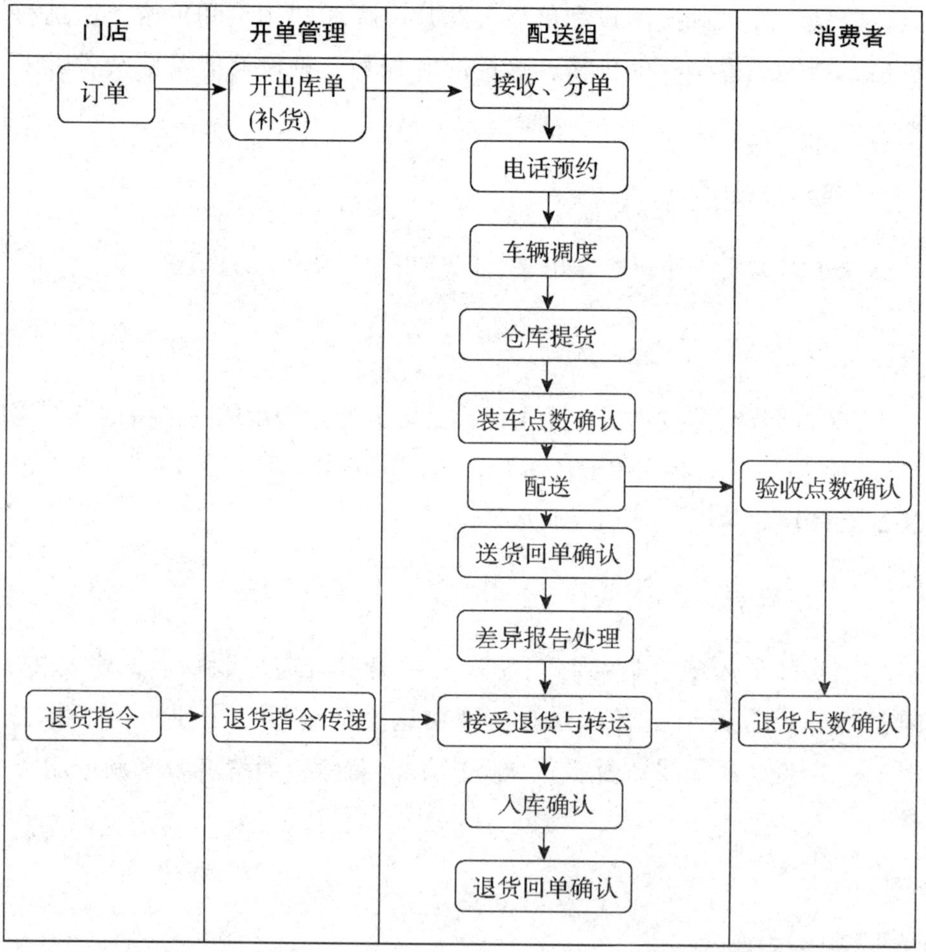

2. 配送服务态度

(1) 预约电话

打电话应用礼貌用语，如“您好，××瓷砖配送组……谢谢……

确定送货及到货时间、送货地址、产品型号（规格、色号）、货款等相关内容；

进门前应先敲门；

主人开门后应自我介绍，确认消费者并提供相应的搬运服务；

由于客观原因让消费者等待时间过长或带来了不便应向消费者真诚道歉；

服务完毕。

（2）提供送货单证，让消费者清点货物

（3）离开时，服务人员应提醒客户如需要服务请与销售单位联系

3. 配送检查要点

（1）每次配送前，司机都要对车辆进行安全检查，发现问题及时汇报并处理（责任人：司机）。

（2）每次配送前，配送管理员都要事先交代司机具体的送货线路、家数、数量与其他要求（责任人：配送管理员）。

（3）交代司机送、退货要核实货物，产品是否损坏、签收数量与送货单一致（责任人：配送管理员）。

（4）司机在装车后应按送货地址清点装车数量及包装情况，确保货物包装完整（责任人：司机）。

（5）配送前必须预约，更好地为消费者服务（责任人：配送管理员、司机）。

（二）指导铺贴

1. 铺贴前

（1）打电话给消费者确认什么时候贴砖。

（2）拜访消费者并确认各类瓷砖分别铺贴在什么地方？

（3）用记号笔在消费者家的瓷砖箱子上注明主卫、客卫、厨房、阳台等，如发现仓库发错货要及时与导购员联系。

（4）要将铺贴注意事项明确向消费者及瓦工说明，如什么砖用多大的十字架，将十字架交给消费者，并让消费者确认签字，这样可以避免消费者没用十字架发生的一切问题。

2. 铺贴中

（1）第一次上门服务回来要登记时间，并在消费者家铺大瓷砖时再次上门。

（2）第一次上门服务要准确地按照档案，核对产品编号、色号和数量，防止未核实货物造成的一切损失。

（3）要用上送到消费者家的配件，例如，腰线、花片、地线、阳角线、镜框边等配件。

（4）铺贴中瓷砖质量问题。

色差（了解是色号不对，还是有其他原因），要及时与导购员等工作人员沟通，如需要换砖，要及时换砖（需仓库安排送货，提前做好录单安排）。

大小不一，找出原因，及时与导购员沟通，要在问题不严重的时候解决好。

如发现是瓷砖质量问题及时联系售后经理，出现以上问题要同售后经理沟通或由售后经理及时处理，需要调换的就调换瓷砖。

避免色差、不平、针孔等现象，铺贴完毕要仔细观察客厅、厨房、卫生间等铺贴后的效果，提前发现这些问题可以避免消费者发现这些问题后造成更大的损失。

（5）消费者家铺贴大地砖时，要看着师傅铺贴，并让师傅将碰瓷的砖用上；跟瓦工沟通到位以免铺贴效果差带来损失。

（6）避免没跟消费者或瓦工讲清楚瓷砖铺贴完毕后的保护知识造成的损失，如瓷砖表面要用纸盒盖一下，以防油漆把瓷砖渗色了，重物、利器把瓷砖划伤等注意事项。

（7）遇到瓦工故意挑剔。

家装单，需要配合，联系业务员及导购员处理；门店单，联系导购员处理；超市单，联系超市导购员处理；总经办单，联系导购员处理。

（8）在铺贴中就要跟消费者或瓦工讲清楚瓷砖铺贴完毕后的注意

事项。

（9）加工砖要同导购员一起配合，留意加工砖的二次加工及补砖。

（10）每天早晨汇报工地难沟通瓦工或项目经理的姓名、电话，便于下次再遇到同样的问题用更好的方法解决，出现新问题要及时沟通、及时解决，将问题最小化。

（11）磨边角 45 度留 2 毫米缝，防止崩瓷；现场发现 800、600 的砖翘折，要及时请师傅更换，从而减少损失。

3. 铺贴后

（1）再次去消费者家回访，可适当地称赞装修效果好等。

（2）可以和消费者沟通一下我们的瓷砖保养手册，告知消费者瓷砖的保养方法，砖缝在以后的使用过程中应该如何清理等。

（3）做好消费者回访档案，针对大客户可以在过节时由专人发信息问候等。

（4）向企业借数码相机拍些照片，年终举办新老客户联谊会，这是一大亮点。

（5）售后服务人员要让消费者填写售后服务回执单，填后的表格要做记录，并定期（一星期）将这些售后服务回执单交给售后服务主管，这些可作为员工考评的依据。

（三）处理投诉

1. 投诉类型

（1）产品质量投诉

由于产品质量问题产生的投诉，不包含消费者未按《使用说明书》或行业规定使用企业产品而导致的质量投诉。

质量问题主要体现在以下几个方面。

色差：

实际送货的产品与展厅的样品有色差；

产品的基础砖与花片、腰线有色差；

补货时不是同一色号的产品；

同一型号、同一色号的产品存在色差。

砖不平整、变形：

主要是抛光砖，铺贴后砖的四个角是平的、中间不平整；

不同型号的产品相互搭配铺贴不平整；

大小、边角不直、不成正方形；

砖空鼓、脱落、瓷片阳角掉角、爆边；

砖面不干净；

产品放射性超标。

（2）服务质量投诉

是指由于自身主观管理原因造成的过错、失误，导致消费者投诉和抱怨。

服务质量投诉主要体现在以下几个方面。

配送不及时，导购员等服务人员服务态度差；

加工砖有问题；

补货的产品与上次加工的产品大小不一致；

同一批次加工砖大小不一，边角不直；

加工砖倒角不均匀；

未按加工订单要求加工；

砖空鼓、脱落、瓷片阳角掉角、爆边；

砖面不干净。

2. 建立消费者投诉渠道

总部仓储服务部设立消费者投诉追塑管理岗位，设立400免费投诉电话，方便客户投诉。对来访的投诉事件做登记、传递、跟踪处理，并收集、分析问题的成因。各分公司、经营门店店长接受投诉，对接并报售后主管积极采取相应措施解决问题。

3. 消费者投诉流程

消费者投诉流程如表10－2所示。

表 10－2　消费者投诉流程

	消费者投诉	登记、询问	实施纠正措施	满意	备案
消费者	投诉			满意	
消费者投诉管理		登记、询问			备案
销售单位		接受、询问			
售后服务主管			处理、纠正		

4. 质量事故处理及实施纠正措施

消费者投诉管理部门或销售单位接到消费者投诉的第一时间，应通知各负责区域市场的消费者投诉处理人员深入现场调查处理。

各负责区域市场消费者投诉处理人员在接到通知后，48 小时内到达现场调查、拍摄（现场取证）。

取证内容包括：现场拍照，核查产品合格证，根据质量责任确认赔偿标准，签订《消费者投诉调解书》并填报《产品质量事故补偿申请表》，层层审批后传真给总部消费者投诉服务责任追溯管理员备案。

消费者投诉服务责任追溯管理员将《产品质量事故补偿申请表》与该质量问题产品合格证、照片（刻盘）一同装订寄给企业，申请报销费用。

5. 消费者投诉处理原则

（1）先赔砖后赔钱；

（2）明确责任主体原则；

（3）消费者满意度原则；

（4）损失最小化原则。

具体内容如下。

（1）如果产品未铺贴：可选择换货等处理方式。

（2）产品部分铺贴：检查产品质量，如产品本身没问题，只是由于铺贴时未按产品说明书要求铺贴，则已铺贴部分由施工队负责，未铺部分可换货。如产品本身有问题，则已铺部分可降价处理，未铺部分降价或换货方式处理。

（3）产品已铺贴：检查产品质量，如产品本身无问题，只是由于铺贴时未按产品说明书要求铺贴，则由施工队负责。如产品本身有问题，则可选择降价或换货等方式处理。

（4）对产品质量有争议时，可把产品送到当地质检所检验，检验费先由对方支付。如产品合格，我方不付检验费；如产品不合格，我方付检验费。

附件：售后服务回执单

消费者姓名：________________ 联系电话：________________

地址：____

1. 产品的型号、色号：____________________________
2. 购买金额（大写）：____________________________
3. 铺贴进度：____________________________________

____

____

4. 你建议铺贴的要求：____________________________

____

____

5. 消费者（施工队）意见及建议：____________________

____

____

消费者（施工队）签字：____________ 回访人签字：____________

备注：必须在送货后 48 小时内做铺贴指导，所有铺贴内容按消费者要求告知施工队及消费者。

第11章　企业如何构建强大、高效的管理平台

第1节　管理平台决定企业能走多远

企业的困惑

2008年，我们给一家著名企业做咨询，该企业让我们帮助其代理商打造样板市场，项目组成员经过努力，实现了销量突破，单省销售额从1亿元增至1.8亿元。但是，企业似乎有了新的苦恼，代理商强大了，厂商之间的博弈会不会更难了？

经过沟通和调查，该企业产品定位独特，市场操作到位，但是厂商分工太彻底了，市场操作由代理商全权处理，企业提供资源。初期，这种模式在高毛利的利益分配体系下运作良好，但是在高速发展期，代理商在做强、做大以后就不听指挥、不愿投入资源了，一味向企业要资源。企业开始考虑要不要拆分市场？

可是，拆分市场不能解决实质问题。一方面，利益空间缩小，运营成本直线上升，价格空间被挤压。另一方面，仅靠利益无法实现高水平的市场运作，如何开拓新渠道，实现多渠道组合操作呢？

另外，由于受代理商能力和资源的限制，仅靠利益驱动无法实现对区域市场的高水平运作，他们不会积极开拓新的销售渠道，提高产品在区域市场的覆盖率和渗透率，更不会主动提升产品和品牌的知名度和美誉度，尽管从长期看，这样做对他们提升销量有好处。然而，这些市场策略对企业却至关重要，关系着企业的产品与品牌能否在这个市场生存下去和进一步发展。

只有搭建管理平台，提高企业的能力，才能在竞争中找到新的出路！

■ 缺乏管理平台支撑的建材营销乱相

我们一起来看看这些建材行业的“优等生”面临哪些困境。我国建材行业经过十几年的高速发展，已经初具规模，部分企业和品牌也在业内有了一定的知名度和影响力。但是，随着企业规模的不断扩大和产品销量的持续上升，营销队伍急需向正规集团军转变。在这个过程中，企业面临的主要问题如下。

（一）理念落后：企业成为个体户的“集中营”

很多企业还处于老板领着一群个体户干的阶段，还没有理解一个组织同一群人的差别——分工协同。企业一旦做大规模，这种方式的弊端就会显露出来。业务员个人能力很强，但在市场上独自作战。某家电客户，自己的业务员都是高薪请来的职业经理人，可是市场运作质量远远不如其他企业一群仅工作了一年的大学生。而且，企业政策复杂凌乱、前后矛盾，后台无法提供支持。

（二）组织模式落后

采用人盯人的管理方式，管理质量注定不高。

组织结构功能失调。一线缺乏职能部门支持，特别是关键职能的支持。

缺乏基本的流程管理。几乎所有流程都汇总于“强人”，高管成为制约组织发展的瓶颈和“救火队员”。

缺乏岗位分析。高层岗位职能过多，横向职能分工不明确，中层、基层岗位缺乏明确授权，员工缺乏知识积累与培训。

（三）缺乏组织支持，业绩仅靠资源拉动，企业成了“资源黑洞”

企业有很多成功经验，其中一条就是买资源、用钱赚钱。这个观点很正确，可是会遇到一个无法回避的问题：前期由于市场竞争激烈，刚开始买资源的时候没人争，买到的是“肉”，随着竞争的加剧，只剩下“骨头”了，而且价格还比较贵！现在单店销量、设计师平均产出都在下降，租金和价格却不断升高，不知道谁在为谁打工。

■ 打通内部价值链

能不能打通内部价值链，决定企业是否被市场“除名”，内部价值链决定企业的发展潜力。

曾经有个企业家跟我们说过一个笑话，他说：“营销是个屁（4 个 P）。”这句话有一定道理，4P 组合本质上是战术层面的工具。当市场处于低级阶段的时候，单个营销要素就能发挥比较大的作用，比如，广告包装、概念炒作、促销活动、终端包装和管控、服务营销等。但是，当市场成熟后，所有的企业都学会了这些招式，这时候发挥作用的就是企业整合各种营销手段和资源的能力。此时，打造企业营销价值链，提高各个环节的速度和协调度，提高整体效率尤为重要，这种能力直接决定了企业未来的发展潜力。

在企业能力不变的情况下，组合营销要素就能取得成功。可是当所有的企业都学会定位、广告包装、概念炒作、资源垄断、渠道管控后，外部机会越来越少，成本越来越高。这时候，企业一定要做联想曾经做过的事情——打通内部价值链、提升企业能力，也就是通用公司的明星高管杰克·韦尔奇说的：“大企业的能耐。”

第 2 节　如何构建营销管理体系
——目标与路径选择

■ 最终目标：构建有机性营销组织

要想提升企业能力，就必须构建基本的管理体系。因为企业是靠组织学习的，不是靠个人学习的。这里的第一个问题就是我们究竟要去哪里？企业最终达到什么样的管理水平？我们认为，企业最终目标是建立有机性营销组织。

“有机性”的概念来源于动物生命体，健康的动物生命体必须具备两个基本功能。

一是对外界刺激快速做出反应，即快速刺激性反应；

二是对环境的变化做出计划性反应。

举个例子，天气突然变冷，人们会打“寒战”，暂时缓解寒冷，同时会增加衣服，抵御寒冷。对企业来说，快速刺激性反应叫做柔性，计划性反应叫做战略，有机性营销组织能同时具有这两大特征——快速响应市场变化，保持产品与市场、产能与销量、资源与能力的动态匹配和自我调整。同时，保持计划性反应即维持企业的战略稳定，避免企业在柔性中迷失方向。

但是，很多企业付出了巨大的代价，最终远远没有达到前台、后台协同的效果，更不用说具备像宝洁、惠普等公司那样的能力了，能真正研究市场、规划战略、开发产品、提升企业运营能力。我们结合建材行业的特点和营销组织的搭建回答这个问题，帮大家找到符合建材行业的特点与逻辑的方法。我们根据多年的咨询经验，第二个问题在于有没有一个合适的路径？企业必须有一个合适的路径，将组织的多重目标设立在一个线性的时间上，而不是期待在一个时间点上解决全部问题，当企业确定路径和阶段后，困难和问题会随着前一阶段的成功得到解决。

■ 企业发育营销组织平台的 3 大阶段

（一）第一阶段：成功构建 T 型组织

T 型组织是指组织有一个围绕核心职能成功构建强大的“专有能力”组织，这个“专有能力”组织“很深、很细腻”，从而构成了“T”中的那个“｜”。

这些“专有能力”是什么呢？就是企业营销模式的重心。比如，欧普照明靠分销成功，它的“专有能力”是数千家店中店的管理能力；雷士照明靠工程成功，它的“专有能力”是对工程的管理能力；东升地毯靠快速交货赢得市场，它的“专有能力”是快速的、高难度的产品生产交付能力；欧派橱柜靠专卖店成功，它的“专有能力”是专卖店管理能力。

其他的“通用能力”就是T中的那个“一”。在这个阶段，“通用能力”处于行业平均水平，毕竟人力、物力有限，长板理论在这个阶段有效，打造自己最突出的能力、核心能力是企业获得成功的关键。不过这个过程花费的时间比较长，企业家都是雷厉风行的性格，可能觉得这个阶段只要几个月就行了，其实，几个月的时间有可能成型，要想高质量运作，一般需要几年的时间。完成这个过程，欧普照明用了4年时间，欧派橱柜用了3年时间。

（二）第二阶段：构建职能分工体系

企业需要发育新的“专有能力”和优化“通用能力”，在这个阶段，企业往往通过上一个阶段的成功获取了大量的资源——市场号召力、人才队伍和资金。这时，企业有了进一步扩张的想法，于是，原来的零售王开始进入工程领域，渠道逐渐立体化，产品力需要得到提升，这些都需要发育新的“专有能力”。

在这个阶段，“通用能力”的优化越来越迫切了，以前的仓库工作，几个穿拖鞋的员工就能搞定，现在上万平方米的仓库，每天发货量不是增加几个搬运工就能解决发货问题的；售后部门也升级了，不可以对客户要求一律说“不”，客户变着法子从售后部门套现，将损失转移给企业，金额巨大……几乎所有的通用部门都成为瓶颈部门，需要升级、优化，否则，前台不断提升的业绩会给后台带来巨大的灾难！

这时，企业就需要构建职能分工体系，不能成为销售一股独大的畸形组织，短板理论开始发挥作用，要构建“更大、更规范”的职能部门，把这些部门的地位提高、官帽搞大、人数增多、设备升级，给它们钱，让它们培训，然后要求它们实现“大企业要有强大的××部”。一切做好了，也不能让员工闲着，让他们下去辅导代理商做好职能工作，帮企业提高价值链上成员的能力。如果这个阶段成功了，企业就拥有国内一流的管理能力了。

（三）第三阶段：设立分工合理的纵向管理体系，打造区域自主平台

在企业成功度过第二个阶段后，企业已经“很强大”了。此时的企业似乎遇到了发展的“天花板”，进入平台发育期。企业在这个阶段只是摆脱了表层能力的困扰，要想持久地笑傲江湖，实现自己百年老店的梦想，还需要拥有更强大的企业能力，即大家熟知的核心能力，将营销模式建立在自己的核心能力上。

这样说可能过于理论化，通俗地说，就是学习外企。手机行业的核心能力是研发成功率高、研发周期短，企业借此建立营销模式，不断调整产品，高端产品既能赚钱又能树立形象。竞争对手跟进时就立刻放量、降价，靠规模赚钱；竞争对手被迫降价后，企业又开始甩货，让竞争对手面临低产能、低售价的“双低”局面。这种构建在核心能力上的营销模式，让竞争对手苦不堪言。

要成功地拥有这种能力，企业需要在组织上做出较大调整，在纵向职能上重新设定各个环节的任务。企业将第二个阶段修炼出来的能力下放给下游环节（代理商或分公司），自己开始提升更高一级的职能，配置资源、制订战略、研究市场、研发产品等。目的只有一个，提高自己的能力。

第 3 节　如何达到第一阶段
——突出长板，构建强大的“专有能力”

在讲述具体的操作要点之前，我们要建立一个模型，以便更好地理解企业的管理能力。我们认为：企业的盈利模式和营销模式是在企业能力的基础上建立起来的，而企业能力的来源只有两个——硬件能力和软件能力。

营销模式源于三个要素：组织架构、运营体系、队伍建设（如图 11－1 所示）。其中，队伍建设相当于企业的硬件，如果企业是一部手机，零件质量的好坏是基础，队伍就是企业的零件。怎样配置这些零件，决定了组合后的效果，同样的电线、灯泡，并联设计和串联设计的效果截然不同。将人才设置在哪个层级？发挥哪些职能？安排什么样的人才？这些都是组织架构需要解决的问题。最后，为了匹配选定的组织架构，需要设定相应的运营体系。如果是集权型组织，必须匹配长流程、高规范的运营体系；分权型组织，则要匹配短流程、高应变能力的运营体系。

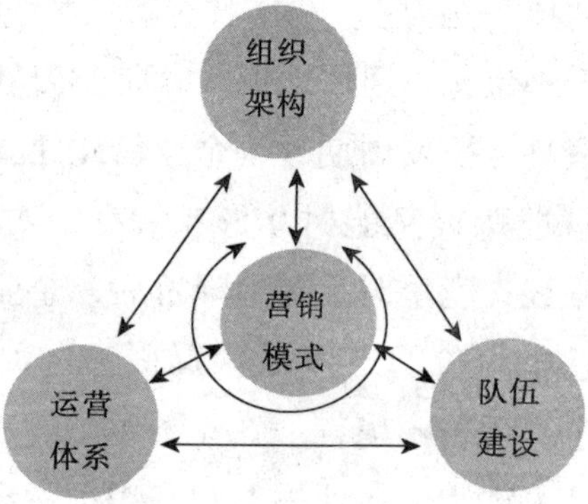

图 11－1　营销模式要素图

■ 第一阶段，适合企业的组织架构

（一）设立防火墙：建立一个初期有效的“通用管理”框架

构建“专有能力”，首先要设计组织结构、突出重点、保持控制力。具体而言，有两大要点：财务垂直化管理，其他职能打包。前者是从战略安全方面考虑的，后者是由工作任务的技术特点决定的。

1. 财务垂直化管理

在企业集中力量发育“专有能力”时，没有太多的束缚，追求“有没有”，不追求“好不好”，以提高“专有能力”为目标，不需要太多大而全的各类体系。但是，财务部门是战略安全的底线，这个阶段的财务部门要做三项工作。

（1）采用“收支两条线”管理。即销售回款和费用支出“分线”管理，可以有效地控制甚至杜绝分公司、办事处挪用货款的风险。

（2）采用“费用分立”的全面预算管理体系。这样可以明确费用资源的结构，进一步梳理清楚总部和分公司、分支机构费用使用额度，尤其是战略性和战术性业务费用“分立”，可以使总部和分公司、分支机构明确费用使用的权限、额度，并在额度限定范围内，根据市场竞争需要和战术性业务费用额度，灵活决定具体的策略和政策。

（3）一线财务人员是总部派驻人员。即在行政上、人事上、分配上、考核上，财务人员都对财务体系负责，不对业务负责。

2. 将其他职能打包归属营销中心

很多企业家会说：“其实我也想这么做，就是不太放心。”这个阶段，有一个现实的问题就是招不来人才，人才不足。在这个阶段，企业没有国内一流大企业的光环，薪酬设计通常没有优势，即使能给高薪，但内部薪金不平衡带来的压力加上调配资源靠交情，外来人员面临很大压力，最终会“水土不服”。组织设计当然要选择“人耗”低的结构，所以，这个阶段一定要遵循长板理论，重点打造自己的专长，不要试图样样精通。

（二）识别关键职能，分析工作，设计“短流程、技能集中”的部门分工体系

如何设计组织？关键是要识别企业的关键职能。我们需要你回答的问题是企业靠什么生存？

欧普照明的产品很普通，是通用型产品，品类不全，它的回答是靠数千家店中店生存。它的店中店实质上是专区，那么，管理店中店，不断提升单店销量就是它的关键职能。为此，它配备区域平台，这个平台帮它完成现场促销、路演、小区推广、售后、区域经销商排名、奖励、

淘汰机制等工作。它用了 4 年时间，人员发展到 1500 人，总部的表格上很清楚地显示下周有多少场路演、有多少次小区推广活动，依靠组织协同、严格的纪律，它能有计划地运作市场，结果名利双收。

欧派橱柜，它的回答是靠专卖店生存，要开大店。所以，它在广州挖走很多空间设计总监级人才，让他们像业务员一样驻点，现场帮助解决任何装修问题。如果是普通的组织设计，我们怎么能设置这么大的设计部，承担这么高的预算？而且，这些人才每年 10 月份以后，基本是“领空饷”的，因为 10 月份后通常没有新店装修，他们仅做一些象征性的工作。

通过这两个例子，你一定明白了什么叫识别关键职能了。那么，其他职能如何协同关键职能呢？我们在实战中总结的办法就是千万不要在这个阶段搞外企的流程管理，我们要搞部门管理。我们的一个客户是这样解决这个问题的：安排一个人多抓几个职能，他管好这个人就行了。所以，后台除关键职能外，也要高度集权，这样，长流程变成短流程（因为大量问题在一个部门内部就解决了），流程管理变成部门管理，很适合处于发展期的企业。

■ 第一阶段，适合企业的运营体系

（一）评估资源需求与实现资源调拨

设计好组织架构，就需要调配资源。你必须在这个阶段发挥企业家的魄力，做出预算，保障关键项目的质量（建议参考欧派橱柜的案例），同时，细心安排，避免实施过程中造成浪费。另外，将人才向关键职能集中，用你的亲情管理“拉拢”人心。

（二）构建明星型工作的 4 大管理体系（目标责任体系、计划预算

体系、绩效管理体系、薪酬激励体系）

在这个阶段，配套的管理体系也是不一样的。在此，先介绍一下迪智成咨询公司对工作的三种划分：明星型工作、护卫型工作、工兵型工作。

明星型工作重点是求好，比如欧派橱柜的专卖店设计，施工效果，分数越高效果越好。比如，95 分能带来 1000 万元的收益，90 分只能带来 100 万元的收益，80 分同其他品牌没有差别，带来的是负 60 万元的损失。在这种情况下，装修不是投资而是浪费。

护卫型工作是求不坏、保下线。比如，民航飞机的飞行员，工作是保安全，他们不会追求更快的速度，因为一旦发生事故，后果非常可怕。

工兵型工作既不会不惜代价追求好，又不会拼命控制风险。这类工作需要保持水准，麦当劳式管理几乎要求每一个岗位的工作都是工兵型工作，它的操作手册很详细，不需要太多的创造力。

在这个阶段，我们需要你明确管理对象——你所在部门的负责人，采用目标责任体系，设置使命感强的目标而非数据式的目标。计划预算体系包括阶段性计划，高弹性、充足的预算。绩效管理体系以信任为前提，以人为认定为主要方式，而非数据说话，注重隐形进展。薪酬激励体系鼓励冒险，以正激励为主，弱化或者没有负激励，一旦成功了还有额外奖励。

（三）多点支持下的运作过程

发挥关键职能的员工，特别是部门的“头”，要得到企业的非正式支持，一路开绿灯。因为整个企业都知道他是企业成败的关键，是大家“出粮”的源头，关键时刻，老板也会帮助其渡过难关，解决困难。

（四）隐性技能正式化、工具化，由明星型工作向工兵型工作转变

关键部门的进化过程，也是逐项修炼、磨炼关键能力的过程。比如，管理专卖店可能需要设计、施工、施工资源管控、开业“集客”、

产品组合、日常促销、复合导购、联合推广技能，每个技能还有数十项子技能。在企业的实际运营过程中，这些技能是逐步完善和滚动发展的，先把这些关键职能中的A类技能演练好，再演练B类技能……

当A类技能演练好后，企业一定要舍得花费时间，反复推敲、总结，将各地的技能提炼出来，形成标准化的操作文件，保障较高的水准和技能的滚动发展。

以某企业的贴海报规范为例，你可以想象在电线杆上张贴一张海报的要求有多细吗？包括胶水的调配比例和规范的涂抹方式以保障粘贴牢固，不会被人轻易撕下；规定张贴海报的高度、角度，以便行人容易看到；张贴海报的时间，确保可以覆盖竞争对手的海报而非被覆盖；还有防晒、防褪色的技巧，工具携带技巧等。配上奖励和处罚措施，这样一来，明星型工作就向工兵型工作转移了，工作得已大规模复制，企业的人才也可以抽时间演练其他技能。

■ 第一阶段，适合企业的队伍建设

这个阶段的队伍建设比较简单，广招人才，靠亲情凝聚人心，用赛马的方式打造干部队伍，建立创新文化、勇于承担责任的文化，企业承担实验和摸索的失败成本。

第4节　如何达到第二阶段
——形成整合营销能力

■ 第二阶段，适合企业的组织架构

企业成功地度过第一阶段后，一切都会呈现出欣欣向荣的景象。但

是，某些地方还有缺陷。以前的辅助部门受企业的高速发展所累，几乎跟不上队伍了。这时候，千万不要把这些职能的重要性看得同第一阶段一样低，不要简单地把员工的频频失误看成是人为因素，怪罪于个人。这个阶段，这些部门的工作随着工作量的剧增，部门的工作难度和第一阶段不可同日而语。这时候，我们要及时转变观念，抓住机会，迎来企业的第二次大发展。机会在哪呢？在明星高管身疲力竭的时候，将这些通用型职能独立出来，使明星高管得以精耕细作自己的领域，组织得已从权力组织向责任组织转变。

■ 第二阶段，适合企业的运营体系

（一）建立文武官互换制度

物流、仓储、计划、订单、售后等部门独立出来后，企业要为这些部门制订发展规划。举个例子，企业此时的资产规模是 10 亿元，可这些部门的现有能力应对的资产规模是 5 ~ 6 亿元。你按 20 亿元的资产规模组建这些部门，那么，主要问题就是缺人，很多企业家在这个阶段的工作就是满世界地招人、找人。

我们在实战中摸索出一套成功的方法，就是文武官互换制度。简而言之，从销售系统抽骨干承担后台的扩建工作，一部分原后台人员可以到销售系统中工作。这样做的好处如下。

（1）可以快速拥有人才。此时销售系统开拓性人才很多，调到后台负责开拓性工作很合适，远比在市场上找“熟练工”好得多。

（2）工作质量高。销售人员了解市场、了解市场运作，往往更能做出符合消费者需求、营销运作需要等特征的系统，能更好地协同前台做好工作。

（3）战略安全性高。文武官互换制度会推动企业内部薪酬平衡，未来的高管人才不会断层。

（二）利用咨询公司

选定部门负责人之后，要找各类专业咨询公司帮助自己快速建立部门。这时候，部门的新班底可塑性极强、学习能力较强，但暂时还是门外汉，需要咨询公司的帮助，需要学习先进的知识。

2008 年，我们帮助一个有 7 亿元资产的企业改造物流部门。该企业出货量无法满足订单量，单价高、物流配送不稳定、信息反馈慢。经过 3 个月的艰苦工作后，订单部门每天自动处理从车间到客户之间的所有问题——仓库损失、运输损坏、客户拒收等一律赔付，仓库隔日盘点，物流速度和正确率提高，物流成本在 3 个月后下降了 0.5%。

（三）给予高弹性的预算支持

扩大部门，最需要的资源是资金。面对巨大的产能，需要改变生产方式、增加适合大规模生产的设备、拆分工序，这些都需要资金支持。另外，在部门优化的过程中，难免会有计划之外的投入，需要预留足够的弹性预算。

（四）按第一阶段的模式逐项发育组织职能

需要注意：要将操作细则写入岗位手册中，一定要按专业规范，细化岗位操作步骤，使后台运作流程化。否则，随着时间的推移，企业的工序标准化建设就错过了最佳时机。

（五）前台、后台协同合作，实现企业在部分营销职能上的“运营柔性”

后台“二次扩建”后，要调整部门职责边界。后台不要一竿子插到底，要跟前台协同，发挥支持作用，减少把控资源的副作用。例如，市场部负责广告主题的表达、创意画面的设计，把预算下放到各区域市场，各区域市场自主调配资源，决定什么时候做、做的顺序，还要调整不同市场的赠品、促销力度等。总部根据区域市场的计划与执行情况进行检核与核销。人力资源部下放部分考核权，帮助区域市场做好把控总数、部分评测工作。

■ 第二阶段，适合企业的队伍建设

（一）组织管理中面临的人员问题

企业在组织变革的过程中，本想通过组织变革发挥更大的组织力，但是负面影响很大。人员流失和隐形人员流失（在职人员丧失工作内部动力）深深地伤害了组织，新组织因“失血”导致能力退化或是组织僵化。

经过分析，我们发现人员流失有以下三种情况。

（1）老员工流失或者积极性减弱；

（2）新员工无法适应工作；

（3）新员工同老员工、新员工同新员工之间无法合作。

（二）解决人员问题的 4 种方法

1. 动态转换工作

老员工是开疆扩土的功臣，以开拓型员工居多，调查发现，23% 的老员工感受不到工作的乐趣，引发特权主义，最后导致人员流失严重。

工作不应处于例行处理状态，而应处于动态转换状态。明星型工作，追求尝试、摸索，一旦摸索成功，就开始总结推广。工兵型工作，追求效率，要同其他环节匹配或采用更好的方式，这时就需要变革，又变成了明星型工作。

2. 人员特点和工作特点要匹配

在动态转换中，各岗位和不同时期的同一岗位需要的员工类型是不一样的，需要调整人员，使人员特点和岗位工作内在的技术能力要求一致。这样，开拓型员工不会郁闷，勤勉型员工也不会处于工作高压下。

3. 阶段性固化工作流程

37%的新员工遇到的工作问题是流程不通，要么靠人际关系推动工作，要么遇到流程瓶颈，导致其主动性降低，出现怠工现象。发展中的企业，怠工通常招致周围员工的非议，引发冲突，“没事干，同事议论”，最后一走了之。

面对这种情况，企业要跳出不断招人的思维模式，从流程入手，每半年修订一次企业级的跨部门流程，即所谓的端对端流程，每月优化一次部门内部流程，将瓶颈环节上的工作量分流，从流程上解决这些问题。

4. 平衡三类人员的薪资结构和其在组织架构中的地位

随着企业的发展，企业规模扩大了，各部门强化职能时，要做好三类工作：管理类工作、销售类工作、技术类工作，简称 MPA，要做好这三类人员的薪酬内部平衡工作。否则，会出现人才大进大出的情况，特别是技术类人员，在附属其他部门、职位工资又很低的情况下，企业一定会长期缺人的。欧派橱柜的专卖店设计师属于 A 类人员（技术类人员），其薪资比销售类大区经理高 15%。

第 5 节　如何达到第三阶段
——形成战略营销能力

■ 第三阶段，适合企业的组织架构

（一）决策权向执行层转移，后台职能部门向一线传递技能与权力

当企业成功度过前两个阶段后，企业就处于真正的平台期——觉得

市场再无对手，无挑战性目标。这个阶段考验企业的眼光和动力，当年摩托罗拉在中国市场的情况就是如此，稳定的市场份额、领先的产品、良好的管理体系，因此没有向第三阶段转移，加上竞争对手的不断挑战，现在已失去昨日的风光。

企业在此阶段要勇于“向天斗”——提高控制环境的能力。各个职能部门建立区域市场的服务子部门，将自己的技术优势能力与权限逐渐转移或下放，让其他区域市场拥有健全的能力体系，然后在总部建立关键的管理系统，负责资源调拨和考核工作。

（二）组织架构变革，实现企业的“结构柔性”

美的集团每隔一年就会有一次大的组织架构调整，目的就是保持企业的“结构柔性”，虽然代价巨大，但收获更多。面对总部的各个有功之臣，重设组织，在纵向上加入新职能，面对挑战，使营销系统高管承担的“高层次营销策略职能”、总部“专业化市场策划职能”和市场“区域化分销管理职能”之间的职能关系更清晰。

（三）设置新的高级职能，实现企业的“战略柔性”

新的高级职能即研究市场和环境的职能。我们的客户是谁？如何引导客户并影响客户？我们如何参与竞争？如何升级商业模式？

首先，要设立市场研究部门，深入了解客户，了解客户的习惯、价值观，制订两类问题的问题清单。

一类是功能性问题清单。比如，商务人士要求手机有投影功能，单个功能价格为 600 ~ 1000 元，详尽地列出客户要求、需要解决什么问题、关联功能是什么、能接受的价位。这个清单是动态的，可以与研发部顺利对接。

一类是情感性问题清单。比如，新入职场的男士需要一部兼顾时尚和商务用途的手机，价格为 1500 ~ 2000 元。这个清单也是动态的，可以与市场部顺利对接。

其次，设置资源边界部门，快速把握环境的变化趋势，不断扩大企业的边界，整合新材料、新技术，将客户、竞争对手、其他行业、科研部整合在网络项目中，形成网络型、项目型组织。如今，客户参与开发，与竞争对手共同建立研发平台以获取成本优势已经不是新闻了，建立能整合的、动态的技术、具有应变能力的系统决定了企业的未来。

最后，要设立战略部门，监控商业模式，让企业尽快适应环境，明确方向。

■ 第三阶段，适合企业的运营体系

这个阶段，对区域市场子部门的管理体系的目标是不要变形、不要减弱技能，变成“俄罗斯套娃”。那么，其管理体系也发生了变化，随着职能的调整，整套操作手册和管理规范也要下放，加上资源杠杆的调控，确保操作不变形。锦江之星酒店就是凭借这种能力，在全国的每一个连锁酒店做到了细节管理，它是长期出差人士的首选酒店，因为它的细节做得比其他经济酒店好。这时，管理体系就是将数字化的目标分解到动态的考核项目中，计划预算详尽精确，绩效管理注重考核过程，不注重考核结果，因为企业如果有足够的信心保障过程，就会取得很好的效果。

■ 第三阶段，适合企业的队伍建设

企业在发展到第三阶段后，容易陷入一个误区：平衡内外部薪酬结构困难，人力资源部陷入无法操作的地步，组织模型越来越复杂，问题越来越多。

这都是一条腿走路惹得祸！现在，市场上成型的和流行的全是薪酬设计和平衡记分卡之类的东西。这些东西之所以能流行，有两个原因：一是薪酬设计可以由单独部门操作；二是有成型的模板。但是，缺乏组合的人力资源政策肯定是复杂的、无效的。那么，适合建材行业的人力资源管理模式是什么样的呢？

(1) 根据实际情况评估各岗位员工的工作预期。首先，确定横向岗位的用人周期，比如，在美国，麦当劳的店面工作周期是一年，在人才市场的定位是大学生的第一份工作。其次，合理地平衡个人和组织的需求。

(2) 按职位提供组合激励，超出金钱激励的范围。在学术上，金钱激励和福利激励属于薪酬体系中的外部薪酬，只是激励的一部分。在强调企业文化与个人价值的今天，工作成就感、归属感等作为职位分类的激励手段能带来更好的效果。

文化建设费用用到实处了吗？短期激励和长期激励有机结合了吗？晋升和培训就是长期激励，当你的外部薪酬——金钱激励不起作用时，针对关键职位的组合激励能帮企业解决这些问题。比如，某一层级员工晋升受阻时，上一级岗位的技能培训和横向岗位互换能起到缓冲器的作用，解决排队问题。

博瑞森管理丛书

	书名及作者	内容简介
1	《让管理回归简单》升级版 宋新宇著	宋博士针对企业中最棘手、最现实的管理问题，为管理提出简单易行的解决方案
2	《让经营回归简单》升级版 宋新宇著	宋博士告诉你经营的秘诀，帮你迅速突破增长的瓶颈
3	《让用人回归简单》 宋新宇著	宋博士帮助中小企业的管理者找到适合自己企业的用人之道
4	《卖轮子：选择最佳营销方式》 【美】杰夫·科克斯等著	本书是一本特好玩的营销启蒙书，写的是古埃及的一对夫妇和他们的四个销售员一起把石头轮子卖到全国各地赚了大笔钱的神奇经历
5	《涨价也能卖到翻》 【日】村松达夫著	让每个顾客在你的产品上、在你的店里掏出更多的钱，让你的东西涨价也能卖到翻
6	《中层领导力》 【韩】崔秉权等著	帮助中层管理者认清自身管理上的不足，快速提升领导力，更好地激发团队工作热情，实现下属、自身、企业的多赢
7	《边干边学做老板》 黄中强著	本书将作者在公司经营、管理中的经验教训全盘托出，介绍了做老板必须注意的 86 个要害
8	《学话术　卖产品》 张小虎著	分析常见的顾客异议，提出破解方案，将复杂的销售程序化，将优秀的话术模块化，让普通导购员也能成为销售精英
9	《为什么你的公司没长大》 田友龙著	本书将小老板的众生相在笔端刻画得淋漓尽致，更值得小老板们反复思量
10	《产品炼金术》 史贤龙著	告诉你打造畅销品的新思维与好方法
11	《营销破局八大策略》 崔自三著	本书为企业在营销过程中各个层面的问题给出了精细、系统的解决方案，旨在帮助企业走出营销困局
12	《白酒营销的第一本书》 唐江华著	国内第 1 部白酒营销实战指导图书！ 帮你打开白酒营销大门！
13	《用流程解放管理者》 张国祥著	国内第 1 部针对企业的流程管理实战图书！ 实现流程管理从无到有、从有到全
14	《传统行业如何用网络拿订单》 张进著	国内第 1 部针对中小企业的网络实战指导图书！ 作者以自己 10 多年的网络营销经验和研究积累为基础，为你带来最具实战性的建议
15	《公司的浪费是如何产生的》 刘孝明著	作者针对企业里各种浪费现象并结合现实场景，直指造成浪费的根源，提示管理者及时堵住各类漏洞
16	《中小企业如何建品牌》 梁小平著	国内第 1 部中小企业建品牌操作实务型图书！ 作者结合丰富的品牌咨询经验和亲身指导案例，分四步指导企业自建品牌

续表

	书名及作者	内容简介
17	《成为优秀的快消品区域经理》伯建新著	掌控市场 + 内部管理 + 常见误区 + 工具箱 + 自我提升，37 个“怎么办”全面系统分析区域经理的工作关键点
18	《一位销售经理的工作心得》蒋军著	专为销售管理者而著的实战指导图书。从实际出发，作者用自己的亲身经历给予读者来自管理一线的经验
19	《7 个转变，让公司 3 年胜出》李蓓著	以变应变，变中超越。本书为力图求变但又不想成为先烈的管理者指明了方向：从“企业估值”、“业务模式”、“营销”、“生产制造”、“客户服务”、“用户黏性”到“组织管理”，7 个转变让公司 3 年胜出
20	《用数字解放营销人》黄润霖著	从营销中的各个问题出发，教会读者如何运用“营销的数字技术”，并能够运用公式和真实可见的数据来赢得市场和管理团队
21	《乳业营销第 1 书》侯军伟著	乳业营销的第 1 本书！从区域性乳品企业的实际情况出发，捕捉到他们最大的特点和现实中存在的关键问题，梳理出一条清晰的脉络，并提出了明确的解决方法
22	《公司由小到大要过哪些坎》卢强著	展示企业在试错阶段、突围阶段、转型阶段分别会遇到的具体问题，分析了企业的成功基因在各个阶段分别发挥的作用
23	《食用油营销第 1 书》余盛著	从食用油的概况入手，小包装食用油的营销常识、品牌战略、营销方法，以及细分品类分类营销手段
24	《麻烦就是需求，难题就是商机》卢根鑫著	通过从顾客身上不断发掘客户真正强烈的价值需求，选择合适的产品载体，帮你挖掘出市场真实需要的商机
25	《新医改下的医药营销与团队管理》史立臣著	本书立足最新医改政策的解读，提供丰富的本土企业实践案例，为民营医药企业指明方向，提供变革之路以及具体的方法措施
26	《跳出行业同质思维，从跟随到领先》郭剑著	变革时代企业成长的核心逻辑在于模式创新，模式创新的本质是企业全员特别是企业家的思维创新
27	《本土化人力资源管理 8 大思维》周剑著	立足中国本土实践，针对民营中小企业的独特的人力资源问题提出了一个系统、实用的新理论，从实际出发，帮助中小企业重新认识和解决企业中人的问题

CHINA STONE 华夏基石

华夏基石丛书(2013 春季)

	书名及作者	内容简介
1	《农资营销实战全指导》 张博　著	农资营销实战的第 1 本书！如何找到提高销售效率和服务价值的营销模式是整个农资行业的重要命题,而本书就为您提供了完美答案
2	《升级你的营销组织》 程绍珊　吴越舟　著	帮助企业管理者打造区域营销平台,管理企业营销队伍,灵活应对人员成本等各项营销费用的飞速上涨,建立职能健全、系统协同、高效运作的营销管理体系
3	《建材家居营销实务:新环境、新战法》 程绍珊　杨鸿贵　主编	站在营销模式创新的角度,为行业、企业营销开辟了一条新道路,并提供了具体的操作方法与参考案例供读者切实学习使用
4	《精品银行管理之道》 崔海鹏　何屹　主编	本书提出打造精品银行是中小银行发展的战略选择,并从产品、业务、经营、客户、风险、团队等多个角度入手,全面又贴合实际地为读者提供行之有效的方法
5	《华夏基石方法:企业文化落地本土实践》 王祥伍　谭俊峰　著	本书帮助企业老总系统了解企业文化,作者对企业文化落地做了细致严谨的分析,并逐一罗列各种形式及方法,一一破解各种关于企业文化意识形态的误区,穿插十分丰富、适当的案例
	待出版,敬请关注！	
6	《阿米巴经营模式中国实践》 李志华　著	阿米巴经营理论来自于管理学泰斗稻盛和夫,本书将该理论进行了中国本土化的发散和拓展,形成一套专业完整的体系,具有很强的工具性及学术、实战价值
7	《首轮胜出后,企业如何二次突围》 苗兆光　著	本书定位于中间型企业,这类企业面临企业成长瓶颈,需要可持续发展的动力,本书从企业战略、管理、组织、产品等方面逐个击破,通过实战案例解答困惑,给予读者切实的帮助
8	《企业家、经理人如何共生共赢》 陈明　著	从企业家和经理人尤其是“空降经理人”共生的角度出发,发现问题、化解矛盾,让沟通变得简单、透明,让双方实现共赢
9	《白酒经销商的第 1 本书》 付文利　著	写给白酒经销商的第 1 本书,扎根行业特色,对白酒经销商如何拓展市场、规范自己的管理体系,给出了一个系统、专业的框架
10	《灰度领导艺术》 彭剑锋　著	解析了在企业现实条件下,需要进行的开放的、妥协的、包容的灰度领导艺术,总结灰度的十大特点,及其对管理和领导产生的影响
11	《以 KPI 为核心的绩效考核》 孙波　著	本书所阐述的绩效管理系统是基于能力的人力资源开发与管理体系的核心组成部分,是以任职资格体系为基础、以 KPI 为导向,管理与客观评价员工的价值创造行为,并引导员工提高绩效和职业能力的一套机制和方法
12	《全面薪酬管理体系设计》 全怀周　著	本书以作者在咨询过程中遇到的实际案例为基础,帮助企业建立相对公平的薪酬体系
13	《集团化人力资源管理》 李小勇　著	系统性阐述了集团化人力资源管理方面的内容,适合集团企业的人力资源专业人员阅读学习

博瑞森管理丛书
征稿启事

当中国和中国企业崛起成为全球共识，本土管理咨询、管理研究与创新正随之兴起。

谁是中国企业最信任、最渴求的管理专家？

何种管理思想、方法更适合当下中国企业？

博瑞森图书联合国内诸多管理专家、专业媒体、出版社向本土管理咨询师、企业管理者、管理研究者征稿！希望通过"博瑞森图书"这一本土管理图书的出版平台，为广大管理专家提供研究、创新成果展示机会，让更多有利于中国企业崛起的好思想、好方法迸发出来，为企业助力，为中国加油！

无论您目前是否已有待出版的内容，只要您认为自己的思想符合我们的出版方向、标准，请您与我们联系，将您的个人简介、或博客链接、或文章等相关个人资料发送到：bookgood@126.com. 我们将会协助您策划图书选题方向、整理内容资料、制定写作计划，并按照商业化出版模式出版、发行、推广您的作品。我们在为读者寻找好内容、出版好书，所以**特别说明：此活动绝非"自费出书"，不向作者收取任何成本、费用。**

其他联系方式：010－84645015 qq：1963328416

博瑞森图书已出版图书示例：《让管理回归简单》、《让经营回归简单》、《让用人回归简单》、《中层领导力》、《涨价也能买到翻》、《用流程解放管理者》、《边干边学做老板》、《卖轮子》（获2010年和讯年度图书奖）、《交易心理分析》（获2011年度上海"第一财经日报"投资图书奖）。